Futh

Rationalisierung der Datenverarbeitung
Band VI

Dipl.-Kfm. Horst Futh

Rationalisierung der Datenverarbeitung

Band VI

EDV-Personalführung

EDV-Personalorganisation
EDV-Personalplanung
EDV-Personalmanagement

Mit 19 Abbildungen, 24 Formularen und zahlreichen Fallbeispielen

R. Oldenbourg Verlag
München Wien 1976

CIP-Kurztitelaufnahme der Deutschen Bibliothek

Futh , Horst
Rationalisierung der Datenverarbeitung. – München, Wien : Oldenbourg.

Bd. 6. EDV-Personalführung : EDV-Personalorganisation, EDV-Personalplanung, EDV-Personalmanagement. – 1. Aufl. – 1976.
ISBN 3-486-20371-1

Gesamtherstellung: R. Oldenbourg, Graph. Betriebe GmbH, München
ISBN 3-486-20371-1

Inhalt

Vorwort zur Gesamtausgabe

Alle mit der Datenverarbeitung zusammenhängenden Fragen sind heute aktueller denn je. Nicht nur, daß die Anzahl der installierten EDV-Anlagen von Jahr zu Jahr wächst und immer mehr Anwendungsgebiete auf die EDV umgestellt werden, auch die EDV-Probleme haben erheblich zugenommen. Während in den 60er Jahren die maschinelle Abwicklung von Massen- und Routinearbeiten im Vordergrund stand, werden heute Lösungen für Dispositions- und Informationssysteme, für den Einsatz von Dialoggeräten und für den Aufbau von Datenbanken gesucht. Diese Entwicklung stellt neue Fragen und verlangt ein Abweichen von eingefahrenen Wegen. Hinzu kommt, daß die Unternehmen heute aus wirtschaftlichen Gründen gezwungen sind, rationellere Verfahren und Techniken in der EDV einzusetzen. Mehr Planung und Überwachung, der Einsatz normierter Organisations- und Programmierungstechniken und die Einführung von Kostenbudgets und Wirtschaftlichkeitsberechnungen werden bald zum Maßnahmenkatalog jeder EDV-Abteilung gehören.

Dem Wandel in der EDV und den Anforderungen, die künftig an die EDV-Mitarbeiter, aber auch an die Geschäftsleitungen und Mitarbeiter in den Fachabteilungen gestellt werden, will diese Buchreihe Rechnung tragen. Sie erstreckt sich auf das Gesamtgebiet der EDV-Technik und wird nur dort eingeschränkt, wo sich die EDV-Aktivitäten auf herstellerbezogene Hardware- und Softwaretechniken beziehen.

Die neue Buchreihe umfaßt folgende Bände:

Band I Grundlagen der EDV
- Hardware, Software, Orgware -

Band II Planung und Einrichtung von EDV-Abteilungen
- Aufgaben- und Datenanalyse, Gesamtsystem, Hardware- und Softwareauswahl, Wirtschaftlichkeitsanalyse, Gesamtplanung, organisatorischer, personeller und räumlicher Aufbau der EDV-Abteilung -

Band III Entwicklung und Einführung von EDV-Systemen
- Voruntersuchung, Projektsteuerung, Projektrealisierung, Änderungsdienst -

Band IV Rechenzentrumsorganisation
- Arbeitsplanung und Ablaufvorbereitung, Datenerfassung und Datenverarbeitung, Kontrolle und Abstimmung -

Band V Überprüfung von EDV-Abteilungen
- Revision der Projektumstellung, Revision der Projektabwicklung, Revision projektunabhängiger Bereiche -

Band VI EDV-Personalführung
- Personalorganisation, Personalplanung, Personalmanagement -

Band VII Datenschutz und Datensicherung
- Begriffe, gesetzliche und betriebliche Regelungen, EDV-Risiken, Schutz-/Sicherungstatbestände, Schutz-/Sicherungsmaßnahmen, Kosten und Überwachung, Realisierung eines Schutz-/Sicherungssystems -

März 1976 Horst Futh

Vorwort zu Band VI

Dieser Band beschäftigt sich mit der Personalführung im EDV-Bereich. Naturgemäß sind alle personellen Maßnahmen innerhalb des EDV-Bereichs ein Teil der Gesamt-Personalpolitik im Unternehmen und müssen sich ihr unterordnen. Auf der anderen Seite erfordern die Art der Aufgaben im EDV-Bereich, die Struktur des EDV-Personals und die mangelnde Transparenz des EDV-Personalmarktes entsprechende Differenzierungen in der EDV-Personalführung. Diese Differenzierungen ergeben sich daraus, daß

- die Aufgaben der EDV-Abteilung sich nur schwer mit anderen administrativen Aufgaben vergleichen lassen
- EDV-Führungs- und -Fachkräfte eine vergleichsweise große Verantwortung für Arbeitsabläufe und technische Einrichtungen tragen
- durch mangelnde Berufsbilder und uneinheitliche Ausbildungswege die Anforderungen an die einzelnen Stelleninhaber sich schlecht vergleichen lassen
- die Leistungen des EDV-Personals schwer meßbar sind
- zumindest zeitweise eine große Abhängigkeit von einzelnen EDV-Spezialisten gegeben ist
- EDV-Fachkräfte eine meist nur geringe Bindung an die Firma besitzen
- die Fluktuationskosten und -folgen im EDV-Bereich verhältnismäßig groß sind und

- mangelnde Erfahrungen im Umgang mit EDV-Personal bei den Führungskräften und der Personalabteilung bestehen.

Das Buch soll sowohl den Führungskräften der EDV-Abteilung als auch den Mitarbeitern des Personalbereichs helfen, eine zweckmäßige Einordnung und Gliederung der EDV-Abteilung zu finden, den richtigen Personalbedarf zu ermitteln, geeignetes EDV-Personal zu beschaffen und die Mitarbeiter nach modernen Methoden zu führen. Für alle diese Aktivitäten stellt das Buch die geeigneten Verfahrenstechniken und Hilfsmittel zur Verfügung. Es ersetzt jedoch nicht ein Personalhandbuch für Führungskräfte, sondern gibt nur zusätzlich Anregungen für die Personalführung im EDV-Bereich. Alle Abschnitte werden durch schaubildliche Darstellungen, Formularmuster und Fallbeispiele ergänzt. Die DIN A 3 - Formulare sind als Faltpläne im Anhang untergebracht.

März 1976 Horst Futh

1. Einführung

Die einzelnen Aktivitäten einer methodischen Personalführung im EDV-Bereich erstrecken sich auf:

- die EDV-Personalorganisation
  im einzelnen: Aufbauorganisation mit Aufgabengliederung und Stellenbildung, Einordnung der EDV-Abteilung, Gliederung der EDV-Abteilung, Stellenbeschreibungen und Anforderungsprofilen; Ablauforganisation mit EDV-Projektsteuerung, Aufträgen, Arbeitsanweisungen und Dokumentation; Organisationshandbuch

- die EDV-Personalplanung
  im einzelnen: Personalbedarfsplanung; Personalbeschaffungsplanung; Personaleinsatzplanung

- das EDV-Personalmanagement
  im einzelnen: die Mitarbeiterführung; die Mitarbeiterbeurteilung mit Zielsetzung, Methodik, Hinweisen zur Durchführung und Hilfsmitteln; die Karriereförderung; die Gehaltsfindung; die Weiterbildung mit Zielsetzung, Ermittlung des Gesamtbedarfs, Ermittlung des Einzelbedarfs, Planung der Weiterbildung und Lernerfolgskontrolle.

Bild 1 zeigt eine Übersicht über die Gesamtaktivitäten im Bereich der EDV-Personalführung.

FUTH	Einführung Übersicht	Bild 1

	Aktivitäten	Hilfsmittel
EDV-Personalorganisation	Aufbauorganisation	- Stellenbeschreibung - Anforderungsprofil
	Ablauforganisation	- EDV- und Projektauftrag - Arbeitsauftrag/Arbeitsbericht - Beispiele Auftrag, Arbeitsanweisung und Dokumentation
	Organisationshandbuch	- Textblatt Organisationshandbuch
EDV-Personalplanung	Personalbedarfsplanung	- Stellenplan
	Personalbeschaffungsplanung	- Personal-Beschaffungsplan - Kurzbewerbung - Bewerbungsbogen
	Personaleinsatzplanung	- Personalkarte - Umstellungsplan Projekte - Einsatzplan Personal
EDV-Personalmanagement	Mitarbeiterführung	------
	Mitarbeiterbeurteilung	- Mitarbeiterbeurteilungsbogen
	Karriereförderung	- Karriereplan
	Gehaltsfindung	- Gehaltsstruktur - Richtgehälter
	Weiterbildung	- Weiterbildung Gesamtbedarf - Weiterbildung Einzelbedarf und Planung - Weiterbildung Kontrolle

2. EDV-Personalorganisation

Klare und überschaubare organisatorische Regelungen sind eine der Voraussetzungen zur richtigen Führung und Motivation des EDV-Personals. Ausgehend von der Zielsetzung und den Aufgaben der EDV-Abteilung sollten deshalb eine zweckmäßige und einfache

- <u>Aufbauorganisation</u>
  mit Aufgabengliederung und Stellenbildung, Einordnung der EDV-Abteilung, Gliederung der EDV-Abteilung sowie Stellenbeschreibungen und Anforderungsprofilen, und

- <u>Ablauforganisation</u>
  mit EDV-Projektsteuerung sowie Aufträgen, Arbeitsanweisungen und Dokumentation

geschaffen werden.

Eine klare Aufbauorganisation und zweckmäßige Regeln für die Arbeitsabläufe bilden nicht nur eine gute Aufgaben- und Verantwortungsabgrenzung für die Führungs- und Fachkräfte der EDV-Abteilung, sondern erleichtern darüber hinaus die Zusammenarbeit mit anderen Abteilungen, insbesondere den Fachabteilungen.

Alle Unterlagen, Formularmuster und Beispiele der Aufbau- und Ablauforganisation sollten, zugeschnitten auf die einzelnen Stellen, in einem Organisationshandbuch zusammengefaßt und jedem Mitarbeiter zur Verfügung gestellt werden.

Bild 2 zeigt eine Übersicht über die einzelnen Aktivitäten der EDV-Personalorganisation.

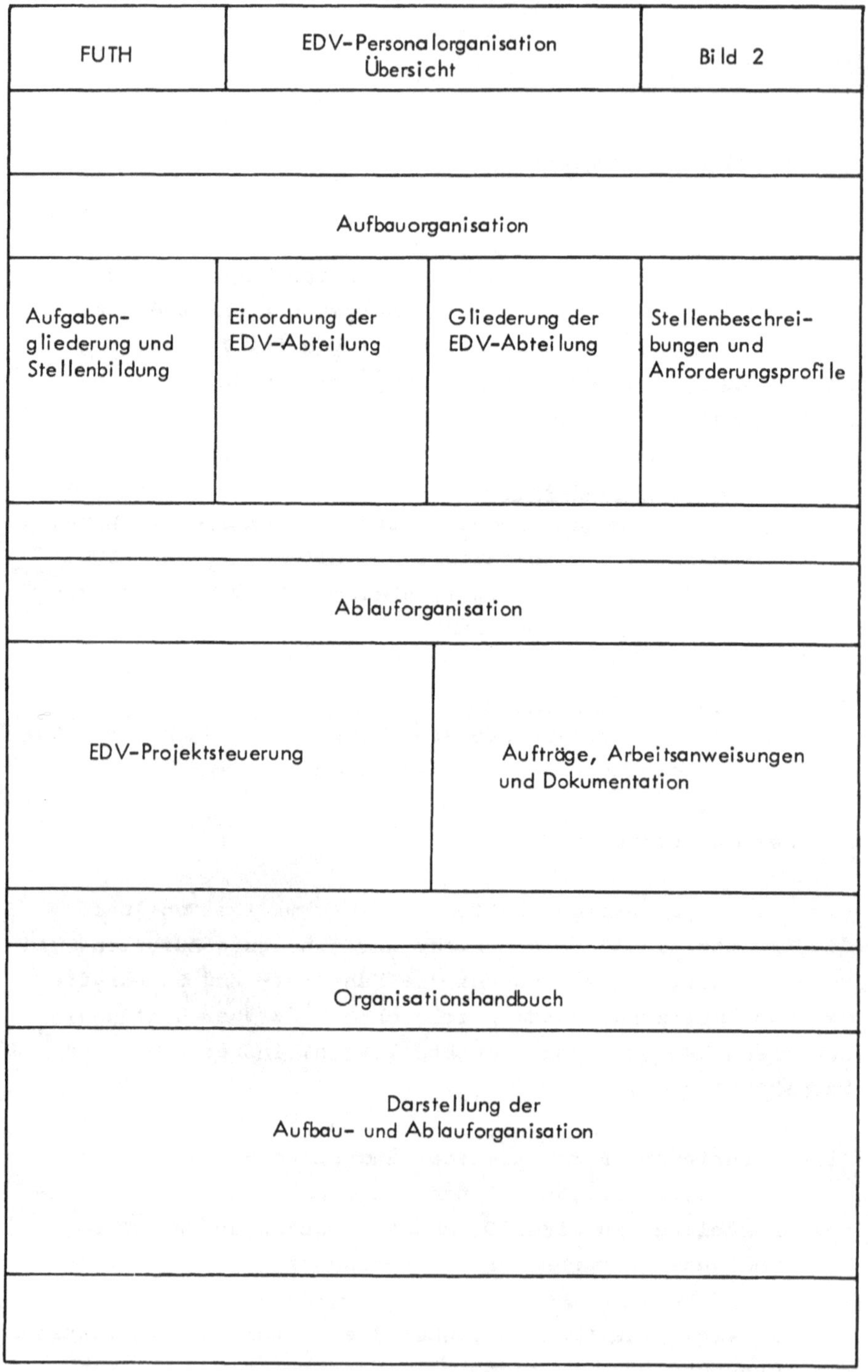
FUTH
EDV-Personalorganisation Übersicht
Bild 2
Aufbauorganisation
Aufgabengliederung und Stellenbildung
Einordnung der EDV-Abteilung
Gliederung der EDV-Abteilung
Stellenbeschreibungen und Anforderungsprofile
Ablauforganisation
EDV-Projektsteuerung
Aufträge, Arbeitsanweisungen und Dokumentation
Organisationshandbuch
Darstellung der Aufbau- und Ablauforganisation

2.1 Aufbauorganisation

2.11 Aufgabengliederung und Stellenbildung

Zielsetzung und Aufgaben der EDV-Abteilung bilden den Ausgangspunkt sowohl für die Aufbau- als auch für die Ablauforganisation. Für die Erfüllung der Aufgaben müssen Stellen geschaffen und Arbeitsabläufe geregelt werden.

Der Vorgang der Aufgabengliederung und Stellenbildung vollzieht sich in folgenden Stufen:

- Zerlegung der EDV-Gesamtaufgabe in EDV-Teilaufgaben
- Zusammenfassung der Teilaufgaben zu Aufgabenkomplexen
- Stellenbildung
- Besetzung der Stellen mit Stelleninhabern (Aufgabenträgern).

Im ersten Schritt wird die EDV-Gesamtaufgabe in EDV-Teilaufgaben bestimmter Größen und Rangfolgen gegliedert. Jede Teilaufgabe ist durch folgende Elemente gekennzeichnet:

- Wer führt die Arbeit durch? (= Arbeitsträger)
- Welche Arbeit wird durchgeführt? (= Arbeitsverrichtung)
- Woran wird eine Arbeit durchgeführt? (= Arbeitsobjekt)
- Womit wird eine Arbeit durchgeführt? (= Arbeitsmittel)
- Wie wird eine Arbeit durchgeführt? (= Arbeitstechnik)

- Wo wird eine Arbeit durchgeführt? (= Arbeitsort)

- Wann und in welcher Reihenfolge wird eine Arbeit durchgeführt? (= Arbeitszeitpunkt)

- Wie lange wird eine Arbeit durchgeführt? (= Arbeitsdauer)

- Wie oft wird eine Arbeit durchgeführt? (= Arbeitshäufigkeit).

Die folgende Darstellung mag als Beispiel für die Zerlegung der EDV-Gesamtaufgabe (= Umstellung von Arbeitsgebieten auf die EDV und Abwicklung der umgestellten Arbeitsgebiete im Rechenzentrum) in Teilaufgaben dienen:

Teilaufgabe: Maschinentest

- Arbeitsträger:	Programmierer
- Arbeitsverrichtung:	Maschinentest
- Arbeitsobjekt:	Programm
- Arbeitsmittel:	EDV-Anlage
- Arbeitstechnik:	Planung, Durchführung, Kontrolle
- Arbeitsort:	Programmierer- und Maschinenraum
- Arbeitszeitpunkt:	normale Arbeitszeit
- Arbeitsdauer:	unbestimmt
- Arbeitshäufigkeit:	mehrmals je Programm

Der Zerlegung in Teilaufgaben und ihrer Analyse folgt die Aufgabensynthese, d.h. die Zusammenfassung von Teilaufgaben zu Aufgabenkomplexen. Ein Aufgabenkomplex (z.B. die Programmierung) ist ein in sich geschlossener Aufgabenbereich aus Teilaufgaben, der, um selbständige Aufgaben- und Verantwortungsbereiche zu schaffen, gegenüber anderen Aufgabenkomplexen klar abgegrenzt ist. Bei der Aufgabensynthese müssen die Forderung nach einem rationellen und wirtschaftlichen Arbeitsablauf und das Leistungsvermögen von Aufgabenträgern (Personen) und Arbeitsmitteln (Maschinen u.a.) berücksichtigt werden. Zweck der Zusammenfassung von Teilaufgaben zu Aufgabenkomplexen ist es, arbeitsteilige Einheiten zu bilden und sie auf Stellen und Stelleninhaber zu verteilen. Unter "arbeitsteiliger Einheit" wollen wir einen Aufgabenkomplex verstehen, der hinsichtlich Menge und Qualität von einer Stelle bzw. einem Stelleninhaber erfüllt werden kann. Dieser so gebildete Aufgabenkomplex stellt die Erfüllung der Stellenaufgabe dieses Stelleninhabers dar.

Mit der Zusammenfassung von Teilaufgaben zu Aufgabenkomplexen beginnt gleichzeitig die Strukturierung des EDV-Bereichs: die Stellenbildung. Eine Stelle ist die kleinste organisatorische Einheit innerhalb der Organisationsstruktur. Sie ist immer aufgabenbezogen und deshalb unabhängig vom jeweiligen Stelleninhaber. Durch ihren Sachgehalt (der bei einem Wechsel des Stelleninhabers erhalten bleibt) bekommen die Stellen ihre Eigenständigkeit, weswegen wir eine Stelle auch als versachlichten Aufgabenkomplex im Rahmen der Gesamtaufgabe der EDV-Abteilung bezeichnen können.

Im Anschluß an die Stellenbildung erfolgt als letzter Schritt die Verteilung der Stellen auf Stelleninhaber (Aufgabenträger). Bei der Stellenverteilung ist nicht nur auf die Stellenaufgaben und die personellen Anforderungen an den Stelleninhaber, sondern auch auf die Über-, Unter- und Gleichordnung einer Stelle im organisatorischen Gefüge des EDV-Bereichs zu achten. Die Zuordnung auf die Stellen muß durch eine Rangfolge der Aufgaben ergänzt werden. Durch die Trennung der Aufgaben in Leitungs- und Ausführungsaufgaben entsteht eine Über- und Unterordnung der Stellen und damit die Organisationsstruktur.

Aus dem Vorgang der Aufgabengliederung und Stellenbildung lassen sich für die EDV-Abteilung folgende weitere Aktivitäten ableiten:

- Einordnung der EDV-Abteilung
- Gliederung der EDV-Abteilung und
- Entwicklung von Stellenbeschreibungen und Anforderungsprofilen.

Bild 3 zeigt eine Übersicht über die Vorgehensweise bei der Aufgabengliederung und Stellenbildung.

2.12 Einordnung der EDV-Abteilung

Für die Einordnung der EDV-Abteilung gibt es zwei Grundmodelle, nämlich

- die aus der Unternehmensorganisation ausgegliederte EDV-Abteilung und
- die in die Unternehmensorganisation eingegliederte EDV-Abteilung.

Während die EDV-Abteilung im zweiten Falle Teil der Unternehmensorganisation ist, wird sie im ersten Fall aus dem Unternehmen ausgegliedert und als selbständiges Serviceunternehmen geführt. Das Beispiel einer ausgegliederten EDV-Abteilung ist verhältnismäßig selten anzutreffen und hat im allgemeinen nur bei Konzernen oder ähnlich großen Unternehmensgruppen Bedeutung erlangt, wo die Größenordnung des EDV-Bereichs und die vielfache Servicebedienung für eine größere Anzahl selbständiger Konzernunternehmen einen solchen Schritt rechtfertigen. In den meisten Fällen handelt es sich auch um Rechenzentren, die ihre Leistungen neben den Unternehmen der Muttergesellschaft auch auf dem freien Markt anbieten, bzw. um Gemeinschaftsrechenzentren mehrerer kleiner Firmen.

Für die in die Unternehmensorganisation eingegliederte EDV-Abteilung findet man in der Praxis zwei hauptsächliche Einordnungsmodelle, und zwar

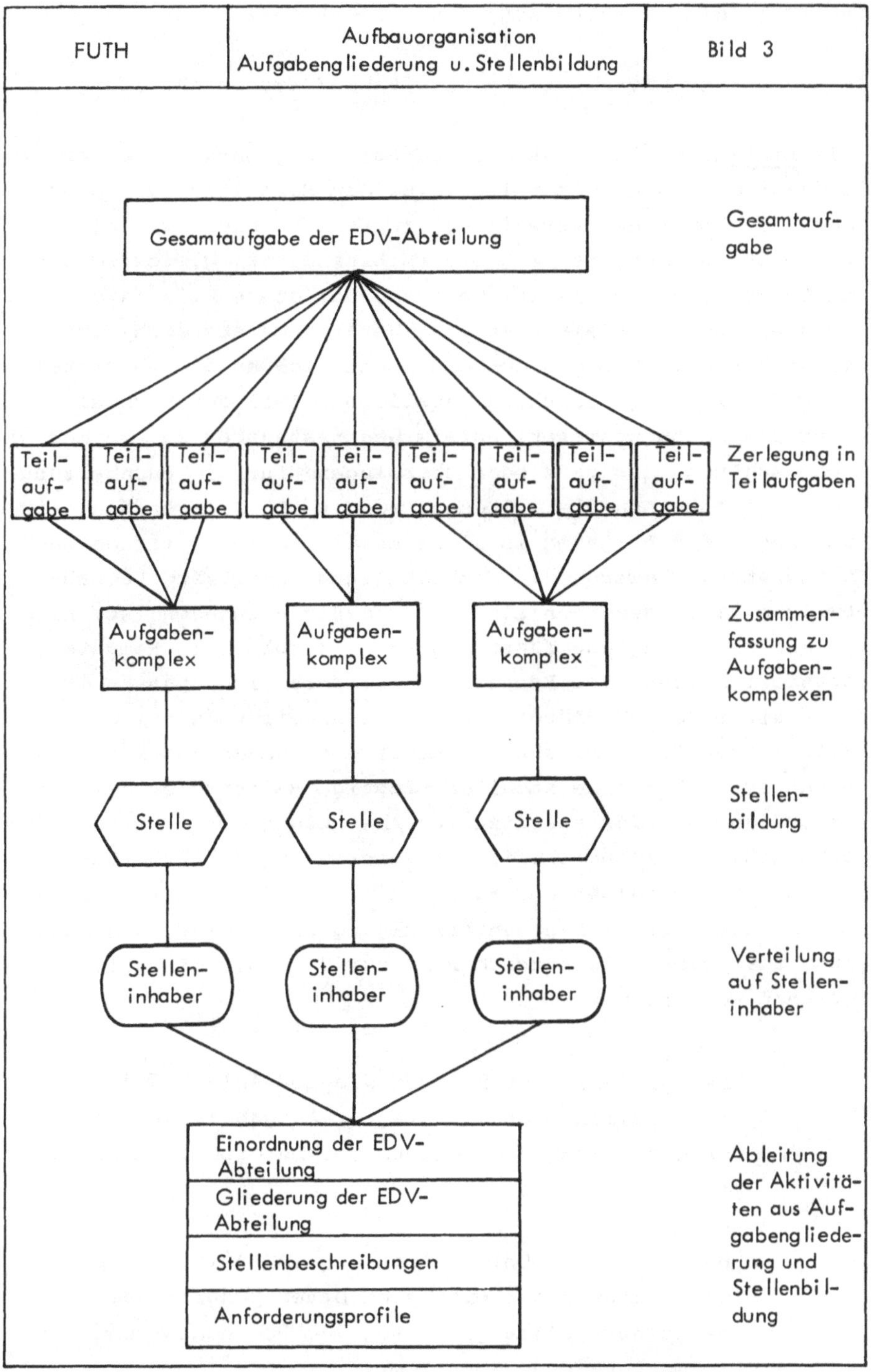
FUTH
Aufbauorganisation
Aufgabengliederung u. Stellenbildung
Bild 3
Gesamtaufgabe der EDV-Abteilung
Gesamtaufgabe
Teilaufgabe
Zerlegung in Teilaufgaben
Aufgabenkomplex
Zusammenfassung zu Aufgabenkomplexen
Stelle
Stellenbildung
Stelleninhaber
Verteilung auf Stelleninhaber
Einordnung der EDV-Abteilung
Gliederung der EDV-Abteilung
Stellenbeschreibungen
Anforderungsprofile
Ableitung der Aktivitäten aus Aufgabengliederung und Stellenbildung

- die EDV-Abteilung als Linienabteilung und

- die EDV-Abteilung als Stabs-/Service-Abteilung.

Als Linienabteilung ist die EDV-Abteilung entweder einem anderen Unternehmensbereich (z.B. dem Rechnungswesen oder der Kaufmännischen Verwaltung) zugeordnet oder, vor allem bei größeren Unternehmen, ein selbständiger, gleichberechtigter Bereich im Instanzenaufbau. Der erste Fall, die Unterstellung unter einen anderen Unternehmensbereich, ist meist historisch begründet und lehnt sich an die Unterstellung der früheren Lochkartenstelle als Teil der Buchhaltung oder des Rechnungswesens an. Im Gegensatz aber zu Lochkartenmaschinen, die ganz oder überwiegend für die Buchhaltung oder Kostenrechnung arbeiteten, werden EDV-Anlagen heute in der Regel für Aufgaben in allen Bereichen des Unternehmens eingesetzt, weswegen die Unterstellung unter eine Fachabteilung im allgemeinen als unzweckmäßig anzusehen ist. Eine solche Unterstellung führt früher oder später zu Kompetenzschwierigkeiten. Bei Kapazitäts- oder Terminengpässen ist der Leiter der EDV-Abteilung an die Anweisungen seines unmittelbaren Fachbereichsvorgesetzten gebunden und kann nicht frei über eine sachlich richtige Reihenfolge bei der Umstellung und der maschinellen Abwicklung der Arbeiten entscheiden, was zwangsläufig zur Bevorzugung der Arbeiten des eigenen Fachbereichs und Benachteiligung der anderen Fachabteilungen führt. Eine Unterstellung unter eine Fachabteilung oder einen Fachbereich kann nur dann als sinnvoll angesehen werden, wenn

- bei größeren Unternehmen die EDV-Anlage ausschließlich oder überwiegend Aufgaben für diese Fachabteilung oder diesen Fachbereich durchführt oder

- bei kleineren Unternehmen die EDV-Anlage (oder ein Computer der mittleren Datentechnik) überhaupt nur Teilaufgaben aus dem Rechnungs- und Informationswesen übernimmt.

Da jedoch EDV-Anlagen, von den beiden genannten Fällen abgesehen, heute selten nur zur Lösung von Aufgaben innerhalb eines einzigen Fachbereichs verwendet werden, ist es im allgemeinen zweckmäßig, die EDV-Abteilung direkt der Unternehmensführung zu unterstellen. Dies kann einmal (wie oben angeführt) als selbständiger, gleichberechtigter Bereich im Instanzenaufbau des Unternehmens sein oder aber als Stabs-/ Service-Abteilung. Für diesen zweiten, in der Praxis am häufigsten vorkommenden, Organisationstyp spricht, daß es sich bei der EDV-Abteilung um eine Stelle des Unternehmens handelt, die andere Fachbereiche und Fachabteilungen berät und für diese Stellen Dienstleistungen erbringt. Die Einordnung als Stabs-/Service-Abteilung erfolgt entweder direkt unterhalb der Unternehmensführung (Geschäftsführer, Vorstandsvorsitzender) oder aber innerhalb eines Servicebereichs.

Die Bilder 4 bis 7 zeigen die in der Praxis am häufigsten vorkommenden Organisationsmodelle einer Einordnung der EDV-Abteilung, im einzelnen

- Bild 4:
  Einordnung der EDV-Abteilung innerhalb eines Fachbereichs (nur zweckmäßig bei kleineren Unternehmen und dort, wo ausschließlich oder überwiegend EDV-Aufgaben für diesen Fachbereich übernommen werden)

- Bild 5:
  Einordnung der EDV-Abteilung im gleichberechtigten Instanzenaufbau (nur bei verhältnismäßig wenigen Großunternehmen anzutreffen)

- Bild 6:
  Einordnung der EDV-Abteilung als Stabs-/Service-Abteilung unterhalb der Unternehmensführung (bei vielen mittleren und großen Unternehmen verwirklicht) und

- Bild 7:
  Einordnung der EDV-Abteilung als Stabs-/Service-Abteilung innerhalb eines Servicebereichs (der wohl in der Praxis am häufigsten anzutreffende Organisationstyp).

2.13 Gliederung der EDV-Abteilung

Neben einer zweckmäßigen Einordnung der EDV-Abteilung in die Organisationshierarchie des Unternehmens kommt es auf die klare organisatorische Gliederung der EDV-Abteilung selbst an. Die richtige Gliederung der EDV-Abteilung kann zu den wesentlichsten Voraussetzungen für den Erfolg oder Mißerfolg der EDV-Aktivitäten im Unternehmen gehören. In der Praxis gibt es nun eine Reihe von Organisationstypen, die sich gut oder weniger gut bewährt haben. Die Größe der EDV-Abteilung und der Umfang der Zusammenfassung von Teilaufgaben sind neben personellen Fragen die Haupteinflußgrößen für die Gliederung.

Unabhängig aber von einem bestimmten Organisationsmodell und von der Größe und Aufgaben der EDV-Abteilung haben sich im Laufe der Zeit Organisationsgrundsätze herausgebildet, die unbedingt beachtet werden sollten. Diese Organisationsgrundsätze lauten im einzelnen:

- die Aufgaben- und Verantwortungskomplexe der einzelnen Stellen sind eindeutig und klar abzugrenzen und schriftlich niederzulegen

- Leitungs- und Ausführungsausgaben sind im Verhältnis von 1 : 4 bis 1 : 6 zu trennen, was bedeutet, daß auf 4 bis 6 Mitarbeiter eine Führungskraft kommen sollte

- aus Sicherheitsgründen müssen die vorbereitenden (Organisation und Programmierung) von den durchzu-

FUTH	Aufbauorganisation Einordnung der EDV-Abteilung	Bild 4

Einordnung der EDV-Abteilung innerhalb eines Fachbereichs

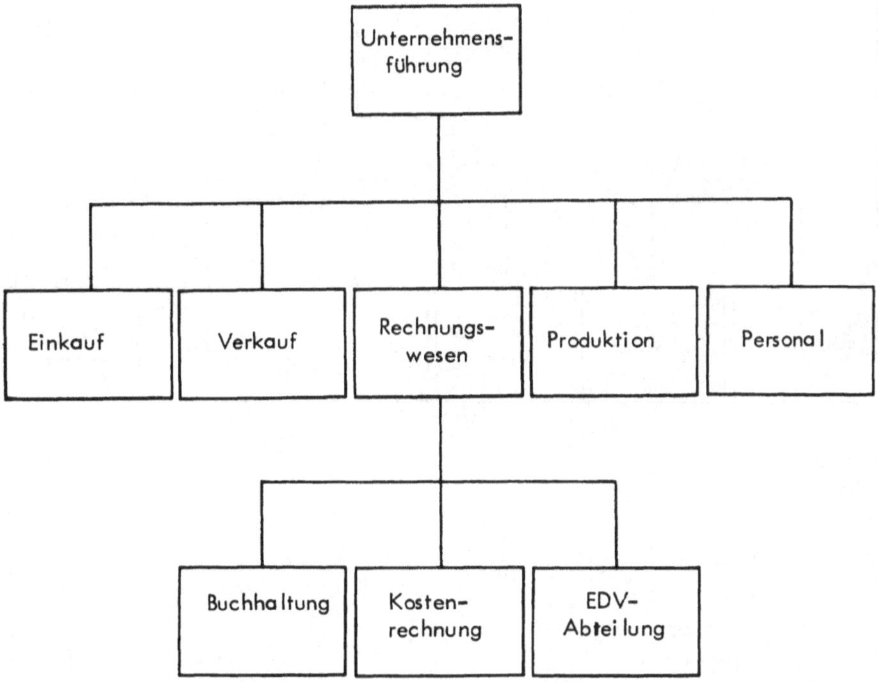

FUTH	Aufbauorganisation Einordnung der EDV-Abteilung	Bild 5

Einordnung der EDV-Abteilung als gleichberechtigter Bereich im Instanzenaufbau

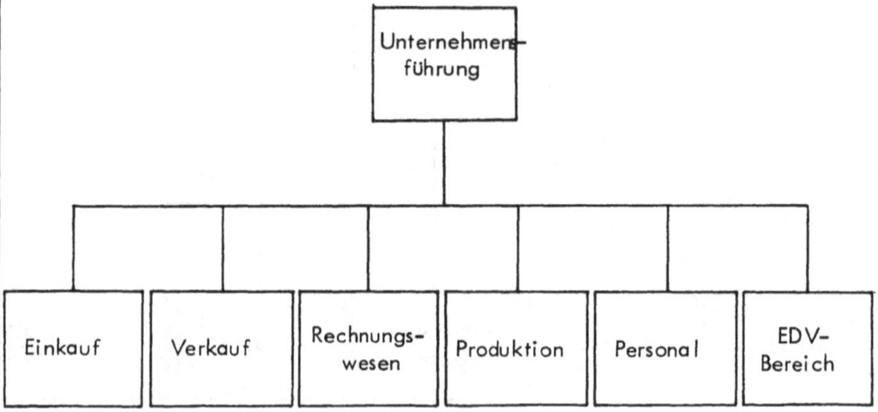

FUTH	Aufbauorganisation Einordnung der EDV-Abteilung	Bild 6

Einordnung der EDV-Abteilung als Stabs-/Serviceabteilung unterhalb der Unternehmensführung

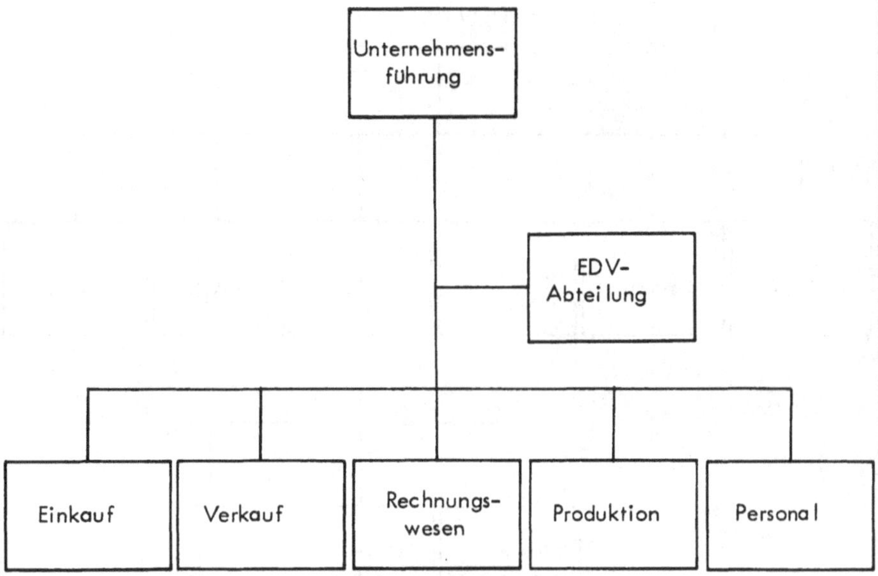

FUTH	Aufbauorganisation Einordnung der EDV-Abteilung	Bild 7

Einordnung der EDV-Abteilung als Stabs-/Serviceabteilung innerhalb eines Servicebereichs

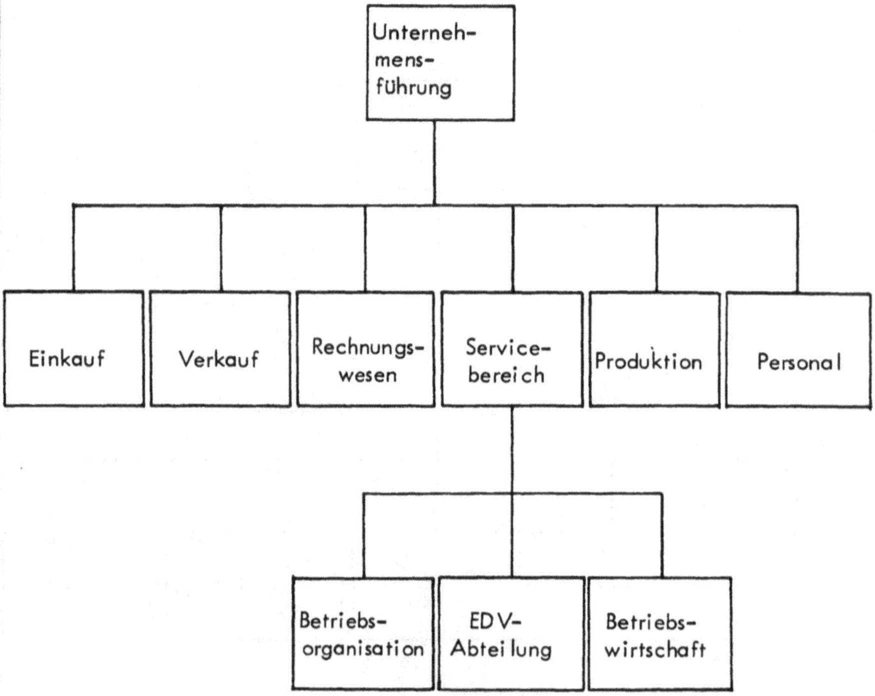

führenden Aufgaben (Abwicklung im Rechenzentrum) getrennt sein und

- Organisation und Programmierung werden entweder nach dem Funktionen- oder nach dem Projektgruppenprinzip, das Rechenzentrum nur nach dem Funktionenprinzip gegliedert.

Unterschiedliche Meinungen gibt es darüber, ob die EDV-Abteilung mit der Betriebsorganisation (Allgemeine Organisation) zusammengelegt oder aber von ihr getrennt werden sollte. Für eine Zusammenlegung von Betriebsorganisation und EDV-Abteilung spricht die starke Verknüpfung von Organisations- und EDV-Umstellungsaufgaben, da die erfolgreiche Einführung der maschinellen Datenverarbeitung vornehmlich eine Frage der sorgfältigen organisatorischen Planung und Vorbereitung ist. Laufen die Programme auch noch so gut, so können sie doch niemals einen mangelhaften und nicht voll durchdachten organisatorischen Unterbau ausgleichen. Der Nachteil einer vereinigten Betriebsorganisation und EDV-Abteilung ist das Fehlen einer zusätzlichen fachlichen Überwachung der EDV-Abteilung, die im Falle einer Abteilungstrennung zumindest teilsweise durch die Betriebsorganisation ausgeübt werden kann. Fehlt eine solche Überwachung, so kann es zu einer ungesunden und sachlich nicht gerechtfertigten Aufblähung der EDV-Abteilung kommen. Es werden möglicherweise Aufgaben übernommen, die nicht das Merkmal einer wirtschaftlichen und organisatorisch sinnvollen Datenverarbeitung tragen. Diese möglichen negativen Auswirkungen sind jedoch zu umgehen, wenn ein sachkundiges Mitglied der Unternehmensführung und geschulte EDV-Revisoren die Überwachung übernehmen und darüber hinaus eine enge Zusammenarbeit zwischen Betriebsorganisation und EDV-Abteilung besteht.

Die organisatorische Gliederung der EDV-Abteilung selbst folgt den Grundsätzen der Aufgabengliederung und Stellenbildung. Alle planenden und vorbereitenden Aufgaben werden von den Stellen EDV-Organisation (Systemplanung und Systemanalyse) und Programmierung übernommen, während das Rechenzentrum die Arbeiten abwickelt. In Abhängigkeit von der Größe einer EDV-Abteilung kommt es jedoch weniger darauf an (und dies gilt besonders für kleine EDV-Abteilungen), daß jede Stelle mit einem Stelleninhaber besetzt ist, als auf die Trennung zwischen planenden/vorbereitenden und durchführenden Aufgaben.

Die Bilder 8 bis 11 zeigen Organisationsmodelle einer Gliederung der EDV-Abteilung, und zwar

- Bild 8:
  Gliederung einer kleinen EDV-Abteilung (bis zu 10 Mitarbeitern) nach dem Funktionenprinzip

- Bild 9:
  Gliederung einer mittelgroßen EDV-Abteilung (ca. 11 bis 50 Mitarbeiter) nach dem Funktionenprinzip

- Bild 10:
  Gliederung einer großen EDV-Abteilung (mehr als 50 Mitarbeiter) nach dem Funktionenprinzip

- Bild 11:
  Gliederung einer großen EDV-Abteilung (mehr als 50 Mitarbeiter) nach einem gemischten Projektgruppen-/Funktionenprinzip.

Der Begriff "Funktionenprinzip" bedeutet die Stellenbildung nach Aufgabenkomplexen (Funktionen), wie z.B. EDV-Organisation, Programmierung, Arbeitsvorbereitung, Datenerfassung, Maschinenraum und Kontrolle/Abstimmung. Unter dem Ausdruck "Projektgruppenprinzip" versteht man dagegen eine Gliederung, bei der die EDV-Organisatoren und Programmierer zeitweilig zu sachgebietsbezogenen Projektgruppen zusammengefaßt werden.

Neben der EDV-Abteilung ist die Bildung eines EDV-Ausschusses zu empfehlen. Der EDV-Ausschuß (auch als EDV-Koordina-

FUTH	Aufbauorganisation Gliederung der EDV-Abteilung	Bild 8

Gliederung einer kleinen EDV-Abteilung nach dem Funktionenprinzip

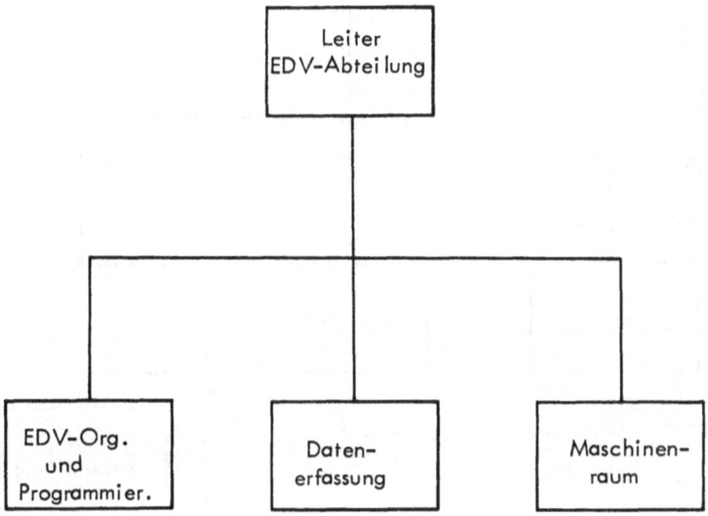

FUTH	Aufbauorganisation Gliederung der EDV-Abteilung	Bild 9

Gliederung einer mittelgroßen EDV-Abteilung nach dem Funktionenprinzip

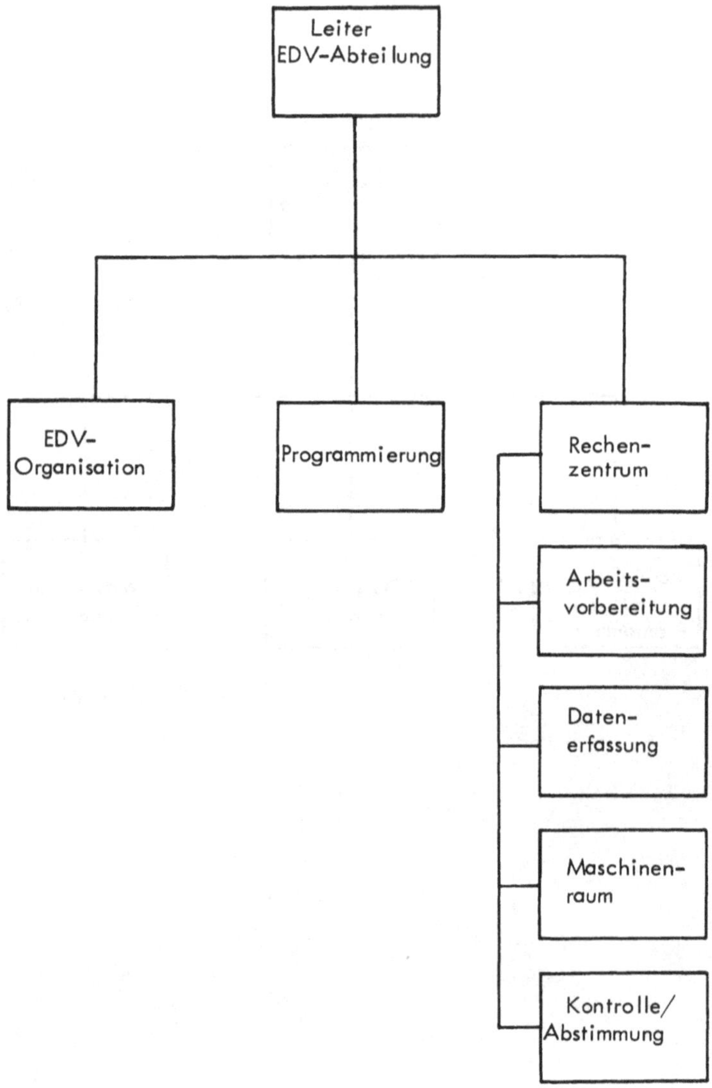

FUTH	Aufbauorganisation Gliederung der EDV-Abteilung	Bild 10

Gliederung einer großen EDV-Abteilung nach dem reinen Funktionenprinzip

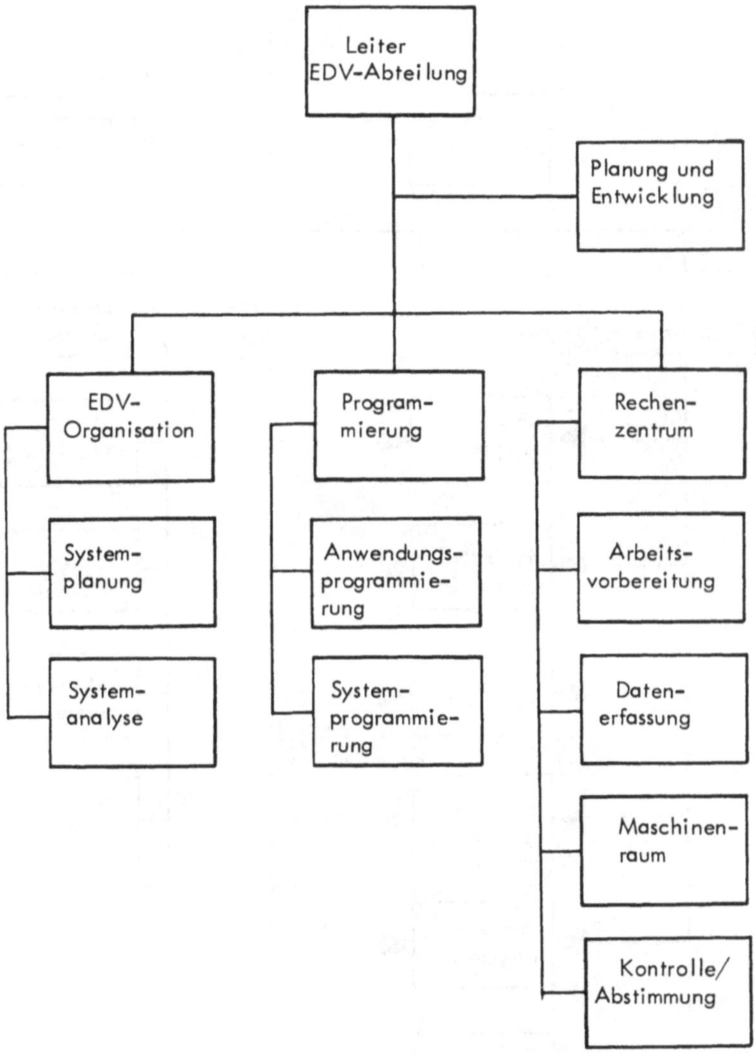

FUTH	Aufbauorganisation Gliederung der EDV-Abteilung	Bild 11

Gliederung einer großen EDV-Abteilung nach einem gemischten Projektgruppen-/Funktionenprinzip

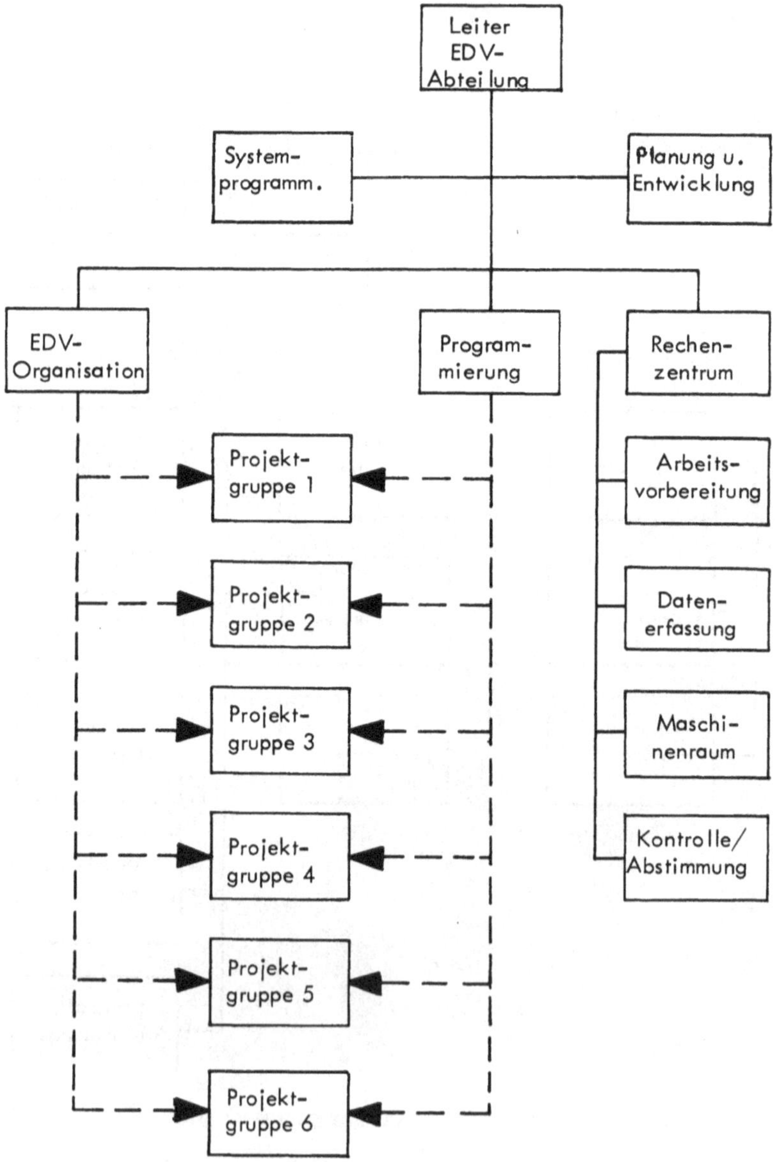

tionsstelle bezeichnet) dient zur Beratung der Unternehmensführung in allen Fragen der maschinellen Datenverarbeitung und als Mittler zwischen EDV-Abteilung und den Fachabteilungen. Um die Bedeutung des Ausschusses zu erhöhen, sollte an seiner Spitze ein Mitglied des Vorstandes oder der Geschäftsführung stehen. Weitere Mitglieder sind der Leiter der Betriebsorganisation, gegebenenfalls ein Mitarbeiter der Revisionsabteilung und wechselweise die Leiter der von der Umstellung betroffenen Fachabteilungen. Auch empfiehlt es sich, von Zeit zu Zeit externe Mitarbeiter des betreffenden Herstellers der EDV-Anlage oder einer Unternehmensberatung hinzuzuziehen.

Die Aufgaben des EDV-Ausschusses sind:

- die Ausarbeitung eines langfristigen EDV-Gesamtkonzeptes
- die Mitwirkung bei der Auswahl und Bestellung einer EDV-Anlage
- Beratung der Unternehmensführung in allen übergeordneten Fragen der maschinellen Datenverarbeitung
- Koordination aller EDV-Aufgaben im Unternehmen
- Entgegennahme von EDV-Anträgen und Vergabe von Aufträgen für Voruntersuchungen und
- (in Zusammenarbeit mit der Revisionsabteilung) bestimmte Überwachungs- und Kontrollfunktionen.

Der EDV-Ausschuß sollte außerdem das Recht und die Pflicht haben, die Unternehmensführung in regelmäßigen Abständen über Stand und Entwicklung der Umstellungsarbeiten zu unterrichten.

2.14 Stellenbeschreibungen und Anforderungsprofile

Neben der Einordnung und Gliederung der EDV-Abteilung gehören die (stellenbezogenen) Stellenbeschreibungen und die (stelleninhaberbezogenen) Anforderungsprofile zu den Grundlagen einer guten Aufbauorganisation. Während die Stellenbeschreibung (unabhängig vom Stelleninhaber) alle organisatorischen Einzelheiten einer Stelle, insbesondere ihre Aufgaben, darstellt, dient das Anforderungsprofil dazu, die Voraussetzungen und Anforderungen an den Stelleninhaber zu dokumentieren. Für jede Stelle und jede Funktion der EDV-Abteilung muß sowohl eine Stellenbeschreibung als auch ein Anforderungsprofil entwickelt werden. Die üblichen Funktionen in der EDV-Abteilung sind:

- Hilfsfunktionen
  (Hilfskräfte)

- Fachfunktionen
  (Junior-Fachkraft, Fachkraft, Senior-Fachkraft) und

- Führungsfunktionen
  (untere Führungskraft, mittlere Führungskraft, obere Führungskraft).

Stellenbeschreibungen und Anforderungsprofile dienen zusätzlich als Hilfsmittel für die EDV-Personalplanung, im einzelnen für die Personalbedarfsplanung, Personalbeschaffungsplanung und Personaleinsatzplanung, und das EDV-Personalmanagement, im einzelnen Mitarbeiterführung, Mitarbeiterbeurteilung, Karriereförderung, Gehaltsfindung und Weiterbildung.

Die Stellenbeschreibung kennzeichnet zweckmäßigerweise folgende Merkmale einer Stelle:

- Strukturmerkmale (Bereich, Abteilung und Gruppe)

- Stellenbezeichnung

- Unterstellung
- Überstellung
- Stellvertretung
- Informationsrecht des Stelleninhabers
- Informationspflicht des Stelleninhabers
- Ziel der Stelle
- Besondere Befugnisse des Stelleninhabers und
- Aufgaben der Stelle, mit Spezifizierung bezogen auf die einzelnen Funktionen.

Während die Stellenbeschreibung den äußeren Rahmen der Aufgaben und Befugnisse des Stelleninhabers festlegt, so werden durch das Anforderungsprofil die quantitativen und qualitativen Anforderungen an den Stelleninhaber dokumentiert. Das Anforderungsprofil nimmt je Stelleninhaber die Anforderungsmerkmale auf, im einzelnen

- Schul- und Ausbildung
  (Schule, Hochschule, Fachausbildung, EDV-Grundausbildung und EDV-Spezialausbildung)
- Berufserfahrung
  (Facherfahrung, EDV-Grunderfahrung und EDV-Spezialerfahrung) und
- Persönliche Anforderungen
  (einzelne Aufführung der persönlichen Anforderungen, wie z.B. Selbständigkeit, Personalführung, Ideenreichtum usw.).

Nach der Festlegung der einzelnen Anforderungsmerkmale werden die Anforderungen, bezogen auf die für diese Stelle vorkommenden Funktionen, bewertet. Hierbei bedeuten die Noten

0 = keine Bedeutung

1 = geringe Bedeutung

2 = mittlere Bedeutung

4 = große Bedeutung.

Für jede Stelle und jede vorkommende Funktion werden also die Anforderungen an den Stelleninhaber mit dem Grad ihrer Bedeutung bewertet. Diese Bewertung dient nicht nur dazu, den Grad der Anforderungen je Stelle und Funktion festzulegen, sondern wird auch für die Karriereförderung, die Gehaltsfindung und die Weiterbildung des Mitarbeiters herangezogen.

Die Vorteile von Stellenbeschreibungen und Anforderungsprofilen sind für den Vorgesetzten:

- sie bieten ihm die Sicherheit, daß der Mitarbeiter sich seiner Verantwortung und seinen Aufgaben nicht entziehen kann

- sie zeigen dem Vorgesetzten, wo er selbst nicht handeln und entscheiden darf

- sie geben dem Vorgesetzten Unterlagen für die Einarbeitung neuer Mitarbeiter

- sie bilden die Grundlage für die Steuerung und Kontrolle des Mitarbeiters

- sie sind ein Hilfsmittel für die fachliche Beurteilung des Mitarbeiters

- sie helfen zur richtigen Stellenbesetzung und

- sie bringen dem Vorgesetzten mehr Zeit für Führungsaufgaben.

Für den Mitarbeiter bieten Stellenbeschreibungen und Anforderungsprofile folgende Vorteile:

- in der Stellenbeschreibung und im Anforderungsprofil sind Normalfälle festgelegt; jeder Mitarbeiter weiß, welche Aufgaben er zu erfüllen hat, wie groß sein Ermessensspielraum ist und welche Anforderungen an ihn gestellt werden

- der Mitarbeiter erhält durch die Stellenbeschreibung und das Anforderungsprofil Handlungsfreiheit gegenüber seinem Vorgesetzten

- Stellenbeschreibung und Anforderungsprofil legen die Verantwortung des Mitarbeiters eindeutig fest

- der Mitarbeiter erhält durch die Stellenbeschreibung und das Anforderungsprofil Handlungsfreiheit gegenüber seinen Kollegen

- der Mitarbeiter weiß, wie er sich den einzelnen Stellen im Unternehmen gegenüber zu verhalten hat

- Stellenbeschreibung und Anforderungsprofil bieten dem Mitarbeiter eine Grundlage für seine Selbstkontrolle

- Stellenbeschreibung und Anforderungsprofil geben dem Mitarbeiter Sicherheit gegenüber einer falschen fachlichen Beurteilung

- Stellenbeschreibung und Anforderungsprofil sind eine wichtige Grundlage für die Gehaltseinstufung und

- für den neuen Mitarbeiter sind die Stellenbeschreibung und das Anforderungsprofil eine Unterlage für seine Einarbeitung.

Als Hilfsmittel für die Darstellung der Stellenbeschreibungen und Anforderungsprofile dienen die Formulare VI/01, Stellenbeschreibung, und VI/02, Anforderungsprofil. Im Anhang bringen wir für alle üblicherweise in der EDV-Abteilung vorkommenden Stellen Musterbeispiele von Stellenbeschreibungen und Anforderungsprofilen.

FUTH	STELLENBESCHREIBUNG	erstellt am: erstellt durch:

Bereich: Servicebereich	Gruppe: -----
Abteilung: EDV-Abteilung	Stellenbezeichnung: Leiter EDV-Abteilung (Obere Führungskraft)

Unterstellung: Er ist dem Leiter des Servicebereichs unterstellt.

Überstellung: Ihm unterstehen die Leiter EDV-Organisation, Programmierung und Rechenzentrum sowie ein Assistent und eine Sekretärin.

Stellvertretung: Er wird durch den Leiter der EDV-Organisation vertreten.

Informationsrecht:

Er wird einmal wöchentlich und bei Abweichungen sofort von den ihm unterstellten Stelleninhabern informiert. Er hat das Recht der Teilnahme an Bereichssitzungen, die EDV-Angelegenheiten betreffen.

Informationspflicht:

Er hat die Pflicht, seinen Bereichsleiter einmal monatlich umfassend sowie bei wesentlichen Planabweichungen und bei besonderen Ereignissen sofort zu unterrichten.

Ziel der Stelle:

Planung, Durchführung und Kontrolle aller EDV-Aktivitäten entsprechend der Zielsetzung der Unternehmensführung.

Besondere Befugnisse des Stelleninhabers:

Zusage von Gehaltserhöhungen bis 200,-- DM, Entscheidung über Umstellungsprojekte bis 25.000,-- DM und Überstundenanordnung.
Durchführung von Mitarbeiterbeurteilungen seiner ihm direkt unterstellten Mitarbeiter.

Formular VI/01

Aufgaben der Stelle:	Funktionen HK	JF	F	SF	UF	MF	OF
- Verantwortlich für die Planung, Vorbereitung und Durchführung der Umstellung und Abwicklung von EDV-Aufgaben.							X
- Verantwortlich für Maßnahmen des Datenschutzes und der Datensicherung.							X
- Fachliche Anleitung und personelle Führung der Mitarbeiter sowie Vergabe und Überwachung von Projektaufträgen in Einzelfällen.							X
- Fachliche Auswahl des Personals.							X
- Aus- und Weiterbildung des Personals.							X
- Gehaltsentscheidungen (in Abstimmung mit der Personalabteilung).							X
- Vorschlagsrecht bei Beförderungen und Gehaltserhöhungen.							X
- Entscheidung über abweichende Arbeitszeiten (in Abstimmung mit der Personalabteilung).							X
- Entscheidung über die Durchführung von Sonderaufgaben.							X
- Kosten- und Leistungskontrolle der EDV-Abteilung.							X
- Beratung der Unternehmensführung in allen EDV-Fragen einschließlich der Anschaffung von EDV-Anlagen und -Geräten.							X
- Koordination und zentrale Planung der EDV-Abteilung.							X
- Mitarbeit im EDV-Ausschuß.							X
- Verhandlungen mit Herstellerfirmen.							X
- Kontaktpflege zu betriebsinternen und -externen Stellen.							X
- Eigene Weiterbildung.							X
- Sachliches Entscheidungsrecht bei der Auswahl und Anschaffung von EDV-Anlagen und -Geräten.							X

Funktionen: HK = Hilfskraft; JF = Junior-Fachkraft; F = Fachkraft; SF = Senior-Fachkraft; UF = Untere Führungskraft; MF = Mittlere Führungskraft; OF = Obere Führungskraft

FUTH	ANFORDERUNGSPROFIL	erstellt am: erstellt durch:

Bereich: Servicebereich	Gruppe: -----
Abteilung: EDV-Abteilung	Stelle: Leiter EDV-Abteilung

Anforderungsmerkmale	HK	JF	F	SF	UF	MF	OF
Schul- und Ausbildung							
Schule: Abitur							4
Hochschule: wirtschaftwissenschaftliches Studium							4
Fachausbildung: Betriebswirtschaft, Organisation							4
EDV-Grundausbildung:							4
EDV-Spezialausbildung:							3
Zwischensumme							19
Berufserfahrung							
Facherfahrung: Betriebswirtschaft, Organisation							4
EDV-Grunderfahrung: mind. 6-8 jährige EDV-Tätigkeit							4
EDV-Spezialerfahrung: EDV-Großsysteme							4
Zwischensumme							12
Persönliche Anforderungen							
Kreativität							4
Verhandlungsgeschick							4
Mitarbeiterführung							4
Durchsetzung							4
Eignung zur Teamarbeit							4
Zwischensumme							20
Gesamtsumme							51

(Spaltenüberschrift: Anforderungsbewertung)

Bewertung:	Funktionen:
0 = keine Bedeutung 1 = geringe Bedeutung 2 = mittlere Bedeutung 4 = große Bedeutung	HK = Hilfskraft JF = Jun.-Fachkraft F = Fachkraft SF = Sen.-Fachkraft UF = Untere Führungskr. MF = Mittlere Führungskr. OF = Obere Führungskraft

Formular VI/02

2.2 Ablauforganisation

2.21 EDV-Projektsteuerung

Die EDV-Projektsteuerung dient dazu, EDV-Projekte in allen Stufen

- vor Beginn der Projektabwicklung zu planen
- während der Projektabwicklung zu überwachen und
- nach Abschluß der Projektabwicklung zu kontrollieren.

Bezogen auf den Gesamtbereich der EDV-Aktivitäten umfaßt die EDV-Projektsteuerung die Planung, Überwachung und Kontrolle der

- Errichtung oder Erweiterung von EDV-Abteilungen (Steuerung Gesamtprojekt) und
- Umstellung oder Änderung von EDV-Systemen (Steuerung Teilprojekte).

Unter der "Umstellung oder Änderung von EDV-Systemen" soll die Neu-Umstellung und Wiederholungs-Umstellung von Arbeitsgebieten auf die EDV bzw. die Änderung bereits umgestellter Arbeitsgebiete verstanden werden. Am Beispiel der Umstellung von EDV-Systemen wollen wir nachfolgend die EDV-Projektsteuerung im einzelnen darstellen und erläutern.

<u>Voruntersuchung, Projektsteuerung und Projektabwicklung</u>

Die Gesamtaktivitäten bei der EDV-Umstellung eines Arbeitsgebietes werden unterteilt in die:

- <u>Voruntersuchung</u>
  (mit EDV-Antragstellung, -Analyse, und -Auftragserteilung)

- <u>Projektsteuerung</u>
  (mit Projektplanung und -kontrolle sowie Arbeitsplanung und -kontrolle) und

- <u>Projektabwicklung</u>
  (mit Problemanalyse, Systementwicklung, Detailorganisation, Programmierung und Systemeinführung).

Während die Voruntersuchung die Antragstellung, die Durchführung einer ersten Analyse und (im positiven Falle) die EDV-Auftragserteilung an die EDV-Abteilung umfaßt, bezieht sich die Projektsteuerung auf die Planung, Überwachung und Kontrolle des Umstellungsprojektes und die Projektabwicklung auf die eigentliche Durchführung.

Bild 12 zeigt die Zusammenhänge der drei Aufgabengebiete einschließlich der Verteilung der Aktivitäten auf die einzelnen Stellen.

<u>Projektgruppenorganisation</u>

Voraussetzung für die Voruntersuchung, Projektsteuerung und -abwicklung ist die Bildung <u>einer</u> (das ist die Regel) oder mehrerer Projektgruppen. Da die Umstellung eines Arbeitsgebietes auf die EDV Sache mehrerer Mitarbeiter verschiedener Stellen ist (und sich eine solche Arbeit nicht oder nur sehr schlecht nur mit Hilfe der Kommunikation zwischen den Mitarbeitergruppen durchführen läßt), bietet sich hierfür die Bildung von Projektgruppen an.

Die Projektgruppenorganisation ist durch vier wesentliche Merkmale gekennzeichnet, im einzelnen:

- die zur Durchführung eines Projektes erforderlichen Mitarbeiter aus der EDV-Abteilung (EDV-Organisatoren und Programmierer) und den betreffenden Fachabteilungen (im Einzelfalle auch Mitarbeiter der Betriebsorganisation und der Revisionsabtei-

FUTH	Ablauforganisation EDV-Projektsteuerung	Bild 12

EDV-Projektsteuerung und -Projektabwicklung

Projektstufe	Hilfsmittel	EDV-Aussch	Fach-abteil.	Betrieb. org.	Projektgruppe PL	Projektgruppe PM
Voruntersuchung						
- EDV-Antragstellung	EDV-Antrag		⊗			
- EDV-Analyse	Analyse Dokumentation		○	○		⊗
- EDV-Auftragserteilg.	EDV-Auftrag	⊗				
Projektsteuerung						
- Projektplanung und -kontrolle	Projektauftrag/-bericht				⊗	
- Arbeitsplanung und -kontrolle	Arbeitsauftrag, Arbeitsbericht				⊗	○
Projektabwicklung						
- Problemanalyse						
Vorbereitung	Analysebogen					⊗
Aufbauorganisation	Organisationsaufbau		○	○		⊗
Ablauforganisation	Organisationsabl. Ist		○	○		⊗
- Systementwicklung						
Zielsetzung/Anford.	Analysebogen		⊗	○		○
Datenflußplanung	Datenflußplan grob					⊗
Ablaufplanung	Organisationsabl. Soll					⊗
- Detailorganisation						
Vorbereitung	Analysebogen					⊗
Datenflußplanung	Datenflußplan fein					⊗
Ablaufplanung	Aufbau Eingabebelege					⊗
	Aufbau Listenbilder					
	Datei- u. Satzaufbauten					
	Entscheidungstabellen					
- Programmierung						
Vorbereitung	Programmvorgabe					⊗
Durchführung	Programmablaufplan					⊗
	Unterprogrammverzeich.					
	Programmtabellen					
- Systemeinführung						
Vorbereitung	Einführungsplan			⊗	○	
Durchführung	Deckblatt Dokumentat.		○	○		⊗
Abschlußkontrolle	Übergabeprotokoll	⊗			○	

○ Mitwirkung ⊗ Hauptaktivität PL = Projektleiter PM = Projektmitarbeiter

lung) werden organisatorisch und räumlich zu einer Projektgruppe zusammengefaßt

- die fachliche Leitung der Projektgruppe wird einem Projektleiter (in der Regel ein Mitarbeiter der EDV-Abteilung) übertragen, an dessen fachliche Weisungen die Projektmitarbeiter gebunden sind

- die Steuerung der Projektabwicklung erfolgt mit Hilfe eines Projektauftrages (für das ganze Projekt) und von Arbeitsaufträgen (je Mitarbeiter und Projektstufe) und

- während der Mitarbeit in einer Projektgruppe dürfen die Mitarbeiter nicht ohne Absprache mit dem Projektleiter von ihrem Disziplinarvorgesetzten zu anderen Arbeiten herangezogen werden.

Wie viele und welche Mitarbeiter eine Projektgruppe im einzelnen umfaßt, hängt von der Größe, dem Schwierigkeitsgrad und dem Schwergewicht (Organisation oder Programmierung) des Projektes sowie von der verfügbaren Zeit für die Projektumstellung ab. Im allgemeinen wird eine Projektgruppe zwischen 2 und 8 Mitarbeiter umfassen. Die Aufteilung einer Projektgruppe mit insgesamt 6 Mitgliedern könnte beispielsweise wie folgt aussehen:

- 1 Projektleiter (EDV-Organisator)

- 1 EDV-Organisator (Systemplaner oder -analytiker)

- 2 Programmierer

- 1 Mitarbeiter der betreffenden Fachabteilung und

- 1 Mitarbeiter der Betriebsorganisation.

Naturgemäß werden die Aufgaben innerhalb einer Projektgruppe sowohl von ihrer Art als nach ihrem zeitlichen Ablauf unterschiedlich auf die einzelnen Mitarbeiter verteilt, wie beispielsweise

- die Problemanalyse
  (EDV-Organisator, Mitarbeiter Fachabteilung, Mitarbeiter Betriebsorganisation)

- die Systementwicklung
  (wie Problemanalyse)

- die Detailorganisation
  (EDV-Organisator, evtl. Programmierer)

- die Programmierung
  (Programmierer)

- die Systemeinführung
  (alle Mitarbeiter).

Alle Mitarbeiter unterstehen während der Laufzeit des Projektes fachlich dem Projektleiter, während sie disziplinarisch unverändert innerhalb ihrer Abteilung oder Gruppe eingeordnet sind. Nach Ablauf des Projekts kehren sie zu ihrer Abteilung oder Gruppe zurück und werden üblicherweise, in gleicher oder geänderter Zusammensetzung, einer nächsten Projektgruppe für ein neues Projekt zugeordnet. Die Mitarbeiter der von der Umstellung betroffenen Fachabteilungen übernehmen nach der Umstellung als EDV-Kontaktleute zweckmäßigerweise die Handhabung und Betreuung der umgestellten EDV-Arbeitsabläufe in ihren Fachabteilungen.

Der Projektleiter (auch als Projektmanager bezeichnet) besitzt innerhalb seiner Projektgruppe eine starke Stellung. Er hat nicht nur ein fachliches Weisungsrecht gegenüber seinen Projektmitarbeitern, sondern trägt auch (neben dem EDV-Leiter als Gesamtverantwortlichen) die Verantwortung für die fachlich richtige und wirtschaftliche Abwicklung seines Projekts. Daneben ist er Hauptgesprächspartner der betreffenden Fachabteilungen, der Betriebsorganisation und der Revisionsabteilung. Hieraus läßt sich leicht ableiten, daß ein Mitarbeiter, der als Projektleiter eingesetzt wird, neben hervorragenden fachlichen Eigenschaften die Fähigkeit zur Führung und Motivation seiner Projektmitarbeiter und zur Durchsetzung des Projektes haben muß.

Vorteile der Projektgruppenorganisation sind:

- eine enge fachliche Zusammenarbeit, wodurch Mißverständnisse und Verzögerungen reduziert werden

- eine weitgehende Abkehr vom Abteilungsdenken, was zur Entwicklung eines organischen Arbeitsablaufs "über die Abteilungsgrenzen hinweg" beiträgt, und

- eine schnellere Reaktions- und Handlungsfähigkeit, weil der Instanzenweg ausgeschaltet ist.

<u>Ablauf und Hilfsmittel der Projektsteuerung</u>

Die Projektsteuerung bei der Umstellung von EDV-Systemen setzt ein, sobald die voruntersuchende EDV-Analyse abgeschlossen ist, zugunsten einer Umstellung entschieden wurde und der EDV-Abteilung ein EDV-Auftrag erteilt ist.

Das Verfahren der Projektsteuerung selbst besteht aus drei geschlossenen Steuerungszyklen, im einzelnen:

- <u>die EDV-Auftragssteuerung</u>
Ziel: Steuerung des Gesamtauftrages
Auftraggeber: in der Regel die betroffene Fachabteilung
Auftragnehmer: EDV-Abteilung (EDV-Leiter)
Hilfsmittel: EDV-Auftrag

- <u>die Projektauftragssteuerung</u>
Ziel: Steuerung der einzelnen, aus dem EDV-Auftrag abgeleiteten Projektaufträge

Auftraggeber: EDV-Leiter
Auftragnehmer: Projektleiter
Hilfsmittel: Projektauftrag

- <u>die Arbeitsauftragssteuerung</u>
  Ziel: Steuerung der einzelnen, aus den Projektaufträgen abgeleiteten Arbeitsaufträge
  Auftraggeber: Projektleiter
  Auftragnehmer: Projektmitarbeiter
  Hilfsmittel: Arbeitsauftrag/Arbeitsbericht.

Bild 13 zeigt den Arbeitsablauf der Projektsteuerung bei EDV-Umstellungen.

Entsprechend den Aufgaben und der Zielsetzung der Projektsteuerung bei EDV-Umstellungen werden die für die Steuerung benötigten Daten ermittelt, erfaßt und ausgewertet. Als Hilfsmittel dienen hierzu:

- <u>der EDV-Auftrag</u>
  Funktion: Planung und Kontrolle des EDV-Auftrages
  Dateninhalt: Termine, Zeitaufwand, Kosten
  Datenart: Soll-Daten, Ist-Daten, Soll-/Ist-Ergebnisse
  Gliederung: Projektstufen
  Zeiteinheit: in der Regel Mannmonate
  Dimension: Grobschätzung

- <u>der Projektauftrag</u>
  Funktion: Planung, Überwachung und Kontrolle des Projektauftrages
  Dateninhalt: Termine, Zeitaufwand
  Datenart: Soll-Daten, Ist-Daten, Soll-/Ist-Ergebnisse
  Gliederung: Projektstufen
  Zeiteinheit: in der Regel Mannwochen
  Dimension: Grobplanung

FUTH	Ablauforganisation EDV-Projektsteuerung	Bild 13

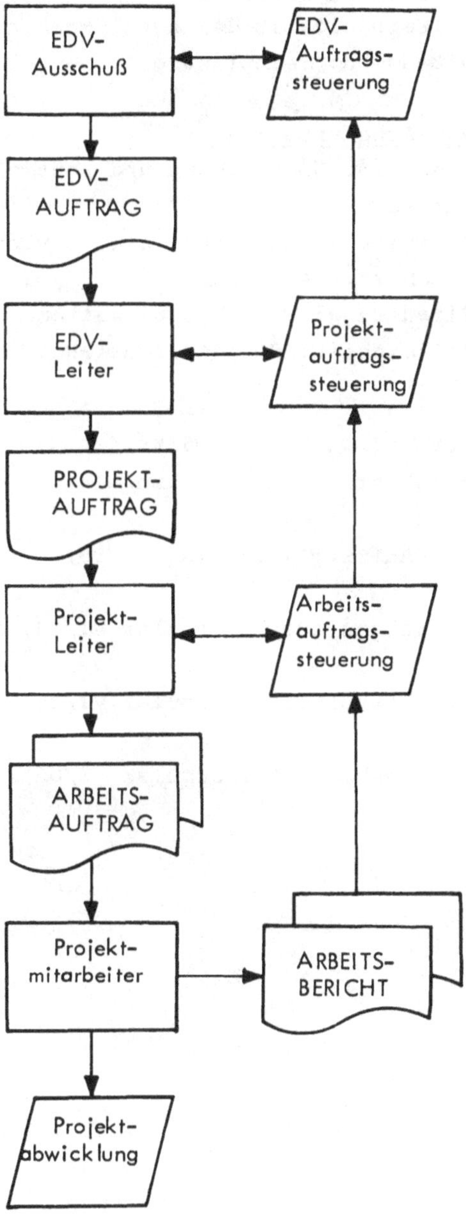

- <u>der Arbeitsauftrag</u>
  Funktion: Planung der Arbeitsaufträge
  Dateninhalt: Termine, Zeitaufwand
  Datenart: Soll-Daten
  Gliederung: Projekttätigkeiten
  Zeiteinheit: in der Regel Manntage
  Dimension: Feinplanung

- <u>der Arbeitsbericht</u>
  Funktion: Überwachung und Kontrolle der Arbeitsaufträge
  Dateninhalt: Termine, Zeitaufwand
  Datenart: Ist-Daten
  Gliederung: Projekttätigkeiten
  Zeiteinheit: Stunden und Tage.

Die Formulare VI/03 bis VI/06 zeigen die Hilfsmittel für die EDV-Projektsteuerung, im einzelnen

- EDV-Auftrag (Formular VI/03)

- Projektauftrag (Formular VI/04)

- Arbeitsauftrag (Formular VI/05) und

- Arbeitsbericht (Formular VI/06).

FUTH	EDV - AUFTRAG	erstellt am: 27.3.75 erstellt durch: Flemming
Auftraggeber	Auftragsbezeichnung	Auftragnehmer
Buchhaltung	Umstellung Verkaufsabr.	EDV-Abteilung

Umstellungsaufwand Organisation/Programmierung

Projektstufe	Termine		Anzahl Mitarbeit.	Anzahl Mann-Mt.	Kostensatz je Monat	Kosten DM
	Anfang	Ende				
Problemanalyse	6/75	8/75	2	5,0	5.000,-	25.000,-
Systementwicklung	8/75	10/75	2	5,0	5.000,-	25.000,-
Detailorganisation	11/75	12/75	3	6,0	5.000,-	30.000,-
Programmierung	1/76	4/76	4	15,0	4.000,-	60.000,-
Systemeinführung	5/76	6/76	7	7,0	4.500,-	31.500,-
Soll	6/75	6/76	7	38,0	—	171.500,-
Ist						
Soll/Ist						

Umstellungsaufwand Rechenzentrum

Arbeiten	Termine		Datenerfassung		EDV-Anlage		Kosten DM
	Anfang	Ende	Std.	Betrag	Std.	Betrag	
Testarbeiten	3/76	5/76	175	3.500,-	190	57.000,-	60.500,-
Übernahmearbeiten	1/76	5/76	85	1.700,-	40	12.000,-	13.700,-
Soll	1/76	5/76	260	5.200,-	230	69.000,-	74.200,-
Ist							
Soll/Ist							

Gesamt-Umstellungsaufwand

Soll/Ist	Termine		Anzahl Mitarbeit.	Anzahl Mann-Mt.	DE-Std.	EDV-Std.	Gesamtkosten
	Anfang	Ende					
Soll gesamt	6/75	6/76	7	38,0	260	230	245.700,-
Ist gesamt							
Soll/Ist gesamt							

Formular VI/03

FUTH	PROJEKTAUFTRAG	erstellt am: 23.5.75 erstellt durch: Fritzsche
Auftraggeber	**Auftragsbezeichnung**	**Auftragnehmer**
Fritzsche, EDV-Leiter	Umstellung Verkaufsabrechnung	Grammann, PL

Fachabteilung	Projektmitarbeiter	Berichtszeitraum	besondere Anweisungen
Buchhaltung	Schmidt, Zorhan, Vorke, Hartung, Redlich, Borg, Schütte	wöchentlich	keine

Projektstufe	Anzahl Mitarb.	Solltermine Anfang	Solltermine Ende	Isttermine Anfang	Isttermine Ende	ZE: MW Aufw. Soll	Aufwand Ist 6/75	7	8	9	10	11	12	1/76	2	3	4	5	Summe Ist	Abweichung
Problemanalyse	2	2.6.75	8.8.75	9.6.75	19.8.75	20	6	9	5										20	—
Systementwicklung	2	11.8.	17.10.	20.8.	31.10.	20			3	8	8								19	./.1
Detailorganisation	3	20.10.	12.12.	3.11.	31.12.	24						12	12						24	—
Programmierung	4	5.1.76	17.4.76			60														
Systemeinführung	7	18.5.	12.6.			28														
Summe	7	2.6.75	30.6.76	9.6.75		152	6	9	8	8	8	12	12							

Formular VI/04

FUTH	ARBEITSAUFTRAG	erstellt am: 30.5.75 erstellt durch: Graumann
Auftraggeber	Auftragsbezeichnung	Auftragnehmer
Graumann, PL	Umstellung Verkaufsabrechnung	Schmidt, PM

Soll-Termin Anfang: 2.6. Ende: 8.8.75 Projektstufe: Problemanalyse

Lfd. Nr.	Projekttätigkeit	Solltermine Anfang	Solltermine Ende	ZE: MT Anz. Soll	Bemerkungen
01	Vorbereiten der Problemanalyse	2.6.75		2	
02	Vorbereiten der Analysebogen			5	neue Ablauforganisation
03	Durchführen der Problemanalyse			25	
04	Darstellen der Struktur- u. Ablauforganisation			8	
05	Auswerten der Problemanalyse		8.8.75	5	
	Summe			45	

Anlagen/Hinweise:

Dokumentation
EDV-Analyse

Formular VI/05

FUTH	ARBEITSBERICHT	erstellt am: 16.6.75 erstellt durch: Schmidt
Auftraggeber	Auftragsbezeichnung	Auftragnehmer
Grammann, PL	Umstellung Verkaufsabrechnung	Schmidt, DM

Woche-Nr. 24	vom: 9.6.	bis: 13.6.75

Lfd. Nr.	Projekttätigkeit	Tag	Ist-Std.	Ist-Tage	Erw. Rest in Tagen	Bemerkungen
01	Vorbereiten der Problemanalyse	9.6.	8	–	–	
	"	10.6.	6	1,8	–	
02	Vorbereiten der Analysebogen	11.6.	8	–	–	
	"	12.6.	8	–	–	
	"	13.6.	8	3,0	3,0	
	Summe		38	4,8	3,0	

Anlagen/Hinweise:

Keine

Formular VI/06

2.22 Aufträge, Arbeitsanweisungen und Dokumentation

Die Hilfsmittel der Ablauforganisation innerhalb des EDV-Bereichs sind:

- Aufträge zur Durchführung bestimmter, zeitlich und sachlich begrenzter Aufgaben (Beispiel: Auftrag Programmänderungen)

- Arbeitsanweisungen zur Regelung der Arbeitsdurchführung (Beispiel: Arbeitsanweisung Datenerfassung) und

- Dokumentationsunterlagen zur Dokumentation bestimmter Tatbestände innerhalb der Umstellung und der RZ-Abwicklung (Beispiel: Dokumentation Dateiaufbau).

Mit Hilfe solcher Unterlagen, die für eine ordnungsgemäße und wirtschaftliche Abwicklung von Arbeitsabläufen unerläßlich sind, werden die Arbeiten in der EDV-Abteilung geplant, überwacht, geregelt und dokumentiert. Neben den bereits bekannten Aufträgen aus dem Bereich der EDV-Projektsteuerung wollen wir hier Beispiele eines weiteren Auftrages, einer Arbeitsanweisung und einer Dokumentationsunterlage zeigen, im einzelnen:

- Auftrag Programmänderungen (Formular VI/07)
- Arbeitsanweisung Datenerfassung (Formular VI/08)
- Dokumentation Dateiaufbau (Formular VI/09).

FUTH	AUFTRAG PROGRAMMÄNDERUNGEN	erstellt am: 12.10.76 erstellt durch: Fritzler
System	Teilsystem	Untersystem
Rechnungswesen	Buchhaltung	Verkaufsabrechnung

Änderungsantrag

Abteilung: Buchhaltung, Haltus
Datum: 8.10.76
Termin: 1.12.76
Begründung: von der GL geforderter Einbau eines Kreditlimits

Änderungsauftrag

Projektleiter: Grammann
Termin: 15.11.76
Bemerkungen: Test erfolgt mit Praxisdaten

Kurzbeschreibung der Änderung: Einbau Schlüssel für Kreditlimit, Änderung der Kundendatei, Prüfung des Kreditlimits im Prüfprogramm

Progr.-Name Version alt	Progr.-Name Version neu	Änderungshinweis	Programmierer	Solltermin Anfang	Solltermin Ende	Zeit Soll	Frei-gabe	Einsatz ab	Dokum. geänd.
VAB02T	VAB02T	Prüfung auf Kreditlimit entsprechend Schlüssel, Abweisung und Kennzeichnung im Protokoll	Hartwig	15.10.	15.11.76	20MT	Gramm	1.12.76	Hartwig

Formular VI/07

FUTH	ARBEITSANWEISUNG DATENERFASSUNG	erstellt am: 2.8.75 erstellt durch: Meyer

Beleg-Nr.:	—	**Erfassung**	
Beleg-Bezeichnung:	Adressen	Gerät/Programm:	M003
Ø Beleg-Menge:	200	End-Termin:	7. Arbeitstag
Datenträger-Nr.:	KA 38	**Prüfung**	
Datenträger-Bezeichnung:	Lochkarten	Gerät/Programm:	M003
Ø Datenträger-Menge:	200	End-Termin:	8. Arbeitstag

Beleg		Datenträger				
Feld-Nr.	Feldbezeichnung	Stellen von	Stellen bis	A/N	E/S/D	Vorschriften/Erläuterungen
1	Datenart	1	3	N		
2	Kunden-Nr.	4	8	N		rechtsbündig, führende Leerstellen.
3	Name	9	29	A		linksbündig, m. Leerstellen ausfüllen
4	Ort	30	50	A		linksbündig, m. Leerstellen ausfüllen
5	Straße	51	70	A		linksbündig, m. Leerstellen ausfüllen
6	Änderungskz.	71	71	N		
7		72	80			leer

Anlagen

Muster Erfassungsbeleg ⊗ Muster Datenträger ⊗

Formular VI/08

FUTH	DATEIAUFBAU	erstellt am: 2.12.75 erstellt durch: York
System	Teilsystem	Untersystem
Rechnungswesen	Buchhaltung	Verkaufsabrechnung

Dateiname: KUDAT	Datenträger: Magnetplatte
Dateibezeichnung: kundendatei	Dateiumfang: 3.800 - 4.000
Dateifunktion: Stammdatei	Speicherungsform: index-sequentiell
Archiv-Nr.: PL 1412	Sortierbegriff: Kunden-Nr.

Dateiverwendung in anderen Systemen: Debitorenbuchhaltung

Dateiaufbau

Blockung

Block.-Faktor	Blocklänge	Blockformat

Plattenbereiche

Index	Daten	Überlauf
Zyl. 50	Zyl 51-80	Zyl. 81

Dateisicherung

Kennsatz: Standard

Aufbewahrungsfrist: Normal

Anzahl Generationen: Duplikat

Reorganisation: halbjährlich

Update-Dateien: 2 x wöchentlich

Verkettung zu anderen Dateien: nein

Dateiverwendung	Verarbeitungsform	Sortierfolge
VAB02T	index-sequentiell	
VAB08T	"	1. Kunden-Nr.
VAB12M	"	2.
VAB14M	"	3.
		4.
		5.

Enthaltene Satzarten

Satz-art	Name	Bezeichnung	Länge	Anzahl	Bemerkungen
01	KUSTA	Kundenstammsatz	156	4.000	

Formular VI/09

2.3 Organisationshandbuch

Das Organisationshandbuch faßt alle Unterlagen der Aufbau- und Ablauforganisation in übersichtlicher Weise und katalogmäßig sowie um Textangaben ergänzt zusammen. Es stellt für jeden Mitarbeiter ein unerläßliches Arbeitshilfsmittel dar, das für ihn verbindlich ist und nach dem er sich bei der Erfüllung seiner Aufgaben zu richten hat. Abhängig von seiner Zugehörigkeit zu einer bestimmten Mitarbeitergruppe (EDV-Organisator, Programmierer, Mitarbeiter des Rechenzentrums) findet der Mitarbeiter in seinem Organisationshandbuch alle Organisationsunterlagen für seine Arbeit. Bei der Gliederung des Organisationshandbuches bietet es sich an, die Teilgebiete der EDV-Aufbauorganisation und EDV-Ablauforganisation in das Handbuch aufzunehmen und sie um weitere Organisationsunterlagen aus dem Unternehmen zu ergänzen.

Ein Organisationshandbuch kann z.B. folgenden Aufbau haben:

1. <u>Unternehmensorganisation</u>
1.1 Führungsgrundsätze
1.2 Organisationsaufbau des Unternehmens
1.3 Betriebsordnung

2. <u>EDV-Organisation</u>
2.1 <u>Aufbauorganisation</u>
2.11 Einordnung und Gliederung der EDV-Abteilung
2.12 Stellenbeschreibung und Anforderungsprofil
2.2 <u>Ablauforganisation</u>
2.21 Arbeitsauftragsmuster
2.22 Arbeitsanweisungen
2.23 Dokumentationsunterlagen.

Neben den Formularmustern für Arbeitsaufträge, Arbeitsanweisungen und Dokumentationsunterlagen sollten für erläuternde Texte einheitliche Formulare verwendet werden. Formular VI/10 zeigt das Beispiel einer solchen Organisationshandbuch-Textseite.

FUTH	TEXTBLATT ORGANISATIONSHANDBUCH	erstellt am: 9.2.1976 erstellt durch: Schmitt

Stelle: Anwendungsprogrammierer	Änderungsindex: ----
Gliederung: 2. EDV-Organisation 2.2 Ablauforganisation	Formular: AUFTRAG PROGRAMMÄNDERUNGEN

Text:	Funktion						
	HK	JF	F	SF	UF	MF	OF
Das Formular AUFTRAG PROGRAMMÄNDERUNGEN dient zur Beantragung, Auftragserteilung und Freigabe von Programmänderungen.							
1. Antragstellung Der Antrag kann von der betreffenden Fachabteilung oder von bestimmten Mitarbeitern der EDV-Abteilung gestellt werden. Neben den Kopfdaten ist vom Antragsteller das Feld "Änderungsantrag" auszufüllen.			X	X	X	X	X
2. Auftragserteilung Nach der Prüfung und Entscheidung werden die Einzelheiten der Programmänderung festgelegt und in den Feldern "Änderungsauftrag", "Kurzbeschreibung der Änderung" und von "Programm-Name Version alt" bis "Zeit-Soll" (je Änderungsprogramm) dokumentiert. Ein Auftrag bis zu einer Dauer von 20 Tagen darf durch den betreffenden Projektleiter, ein Auftrag mit einem höheren Zeitaufwand muß durch den Leiter der Abteilung Programmierung erteilt werden.					X	X	
3. Freigabe Die Freigabe (mit Überprüfung) und der Einsatzbeginn werden durch den betreffenden Projektleiter festgelegt und eingetragen, während die Abzeichnung der Dokumentationsänderung durch den Archivar erfolgt.			X		X		

Anlagen/Hinweise: Formular AUFTRAG PROGRAMMÄNDERUNGEN

Formular VI/10

3. EDV-Personalplanung

Die Personalplanung dient dazu, den Bedarf an EDV-Personal zu planen, das benötigte Personal zu beschaffen und das verfügbare Personal richtig einzusetzen. Entsprechend setzt sich die Personalplanung aus den drei Teilbereichen:

- Personalbedarfsplanung
  Planung des EDV-Personals, das zur Erfüllung der Aufgaben im Planungszeitraum erforderlich ist, nach Quantität und Qualität

- Personalbeschaffungsplanung
  Planung der zur Deckung des Personalbedarfs benötigten EDV-Kräfte nach Anzahl, Qualifikation und Zeit und

- Personaleinsatzplanung
  Planung des Personaleinsatzes unter Berücksichtigung von Anforderungen und Fähigkeiten der EDV-Kräfte

zusammen. Bild 14 zeigt eine Übersicht über die Aktivitäten der EDV-Personalplanung.

FUTH	EDV-Personalplanung Übersicht	Bild 14

EDV-Personalbedarfsplanung

Planung des EDV-Personals nach Quantität und Qualität, das zur Erfüllung der Aufgaben im Planungszeitraum erforderlich ist

EDV-Personalbeschaffungsplanung

Planung der zur Deckung des Personalbedarfs benötigten EDV-Kräfte nach Anzahl, Qualifikation und Zeit

EDV-Personaleinsatzplanung

Planung des Personaleinsatzes unter Berücksichtigung von Anforderungen und Fähigkeiten der EDV-Kräfte

3.1 Personalbedarfsplanung

Die Merkmale der Personalbedarfsplanung sind:

- Quantität
  Wie viele EDV-Mitarbeiter werden je Stelle benötigt?

- Qualität
  Welche Qualifikation müssen die zur Aufgabenerfüllung benötigten Mitarbeiter besitzen, dokumentiert in den Anforderungsprofilen?

- Zeit
  Auf welchen Planungszeitraum bezieht sich die Personalbedarfsplanung?

Wie viele EDV-Kräfte sind nun für die Umstellung und Abwicklung der maschinellen Datenverarbeitung erforderlich, und wovon hängt die Anzahl der Mitarbeiter in den einzelnen Stellen ab?

Ganz allgemein wird der Bedarf an EDV-Organisatoren und Programmierern von folgenden Tatbeständen beeinflußt:

- Größe und Ausrüstung der EDV-Anlage und Zusatzmaschinen

- Anzahl und Schwierigkeitsgrad der umzustellenden Arbeitsgebiete

- EDV-Stufe (Routineaufgaben, Dispositionsaufgaben, Planungs- und Informationssysteme, Gestaltungssysteme)

- Zeitraum, der für die einzelnen Umstellungsstufen vorgesehen ist

- Fachliche Qualifikation und Ausbildungsstand des eingesetzten Personals
- Automatisierungsstand des Unternehmens (Einführung oder Erweiterung der EDV) und
- Vorlage wirklichkeitsnaher Organisationsunterlagen (Arbeitsablaufpläne, Arbeitsanweisungen usw.).

Bei der Ermittlung des mengenmäßigen Bedarfs an EDV-Organisatoren und Programmierern geht man am besten von den umzustellenden Hauptarbeitsgebieten und den geplanten Umstellungsstufen aus. Für jedes dieser Hauptarbeitsgebiete (beispielsweise Brutto- und Nettolohnrechnung, Materialabrechnung, Kostenrechnung, Finanzbuchhaltung, Arbeitsvorbereitung), die gleichzeitig umgestellt werden sollen, wird ein Umstellungsteam (EDV-Organisatoren und Programmierer) in der Größe von 2 bis 5 Personen gebildet. Diesen Teams überträgt man dann die vollständige Vorbereitung und Umstellung der Arbeitsgebiete. Von dem organisatorischen und programmierungstechnischen Schwierigkeitsgrad einer Aufgabe hängt es ab, wie viele Organisatoren und Programmierer ein Team umfaßt. So wird die Umstellung der Lohnabrechnung weitaus mehr Programmierungsarbeiten als organisatorische Aufgaben mit sich bringen. Umgekehrt werden die Entwicklung und Einführung eines Informationssystems die EDV-Organisatoren länger und stärker beanspruchen als die Programmierer.

Die Größe der Bedienungsmannschaft im Maschinenraum wird durch die Größe und Ausrüstung der EDV-Anlage, die Maschinenauslastung und die Arbeitsweise der Anlage bestimmt. Jeder Schicht steht ein Schichtleiter vor. Bei Schichtbetrieb muß die Anzahl der Operateure entsprechend verdoppelt oder verdreifacht werden. Aus Sicherheitsgründen sollten mindestens 2 Operateure je Schicht vorgesehen sein. Zu den Operateuren kommen weitere Mitarbeiter für die Arbeitsplanung und -vorbereitung, für das Archiv und das Materiallager, zum Bedienen der Trenn- und Schneidemaschinen und für die Ein- und Ausgabekontrolle. Die Anzahl der Datatypistinnen steht im Verhältnis zu der je Zeiteinheit anfallenden Datenmenge.

Der Versuch, zu allgemein gültigen und generell anwendbaren Aussagen über den Personalbedarf zu kommen, scheitert an der Vielfalt und Gewichtung der obengenannten Einflußgrößen. Zur Orientierung mag deshalb dienen, daß in der Regel die Personal kosten der EDV-Abteilung das 1 1/2 bis 2-fache der Maschinenkosten betragen sollten. Zur weiteren Hilfe mögen die Zahlen des Personalbedarfs in Bild 15 beitragen, die jedoch nur unter Vorbehalt gewertet werden dürfen. Sie können in der Praxis sowohl nach oben als auch nach unten abweichen. Der gegenwärtige und der geplante Personalbedarf wird im Stellenplan (Formular VI/11) festgehalten.

Die rein mengenmäßige Stellenplanung und -besetzung ist aber nicht mit der Qualifikation des eingesetzten oder zu beschaffenden Personals zu verwechseln. Während die Umstellung reiner Abrechnungsaufgaben bzw. die Steuerung kleiner EDV-Anlagen noch durch mittelmäßig qualifizierte Fachkräfte möglich ist, erfordern hochwertige EDV-Aufgaben hochqualifizierte Fachkräfte. Dies gilt sowohl für neue Anwendungen als auch für die Planung, Vorbereitung und Steuerung der EDV-Anlagen. Den qualifizierten Anwendungsfachkräften (Systemplaner, Systemanalytiker, Anwendungsprogrammierer) entsprechen Systemspezialisten (Arbeitsplaner, Konsoloperateure, Systemprogrammierer, TP-Spezialisten, DB-Verwalter, Datensicherungsingenieure u.a.). Die Anforderungen an die einzelnen Mitarbeitergruppen werden im bekannten Anforderungsprofil (Formular VI/02) festgehalten, und die Realisierung der Anforderungen erfolgt durch Aus- und Weiterbildung vorhandener Fachkräfte bzw. Beschaffung geeigneter Mitarbeiter auf dem Personalmarkt. Es fehlt nicht an Bestrebungen, den Personalbedarf in der EDV-Abteilung einzuschränken. Die Verwendung von Standard-Systemsoftware und -Anwendungssoftware, die Benutzung problemorientierter Programmsprachen sowie Vereinheitlichung in EDV-Organisation, Programmierung und Rechenzentrum durch Standards, Arbeitsanweisungen und einheitliche Dokumentation sind Beispiele, wie sich die zeitraubenden und kostenaufwendigen Umstellungs- und Abwicklungsarbeiten reduzieren lassen.

FUTH	EDV-Personalplanung Personalbedarfsplanung			Bild 15
Funktionen \ Personal-bedarf	kleine EDV-Abt.	mittlere EDV-Abt.	große EDV-Abt.	Bemerkungen
1. EDV-Leiter	1	1	1	
2. Assistent	-	-	1	
3. Leiter EDV-Organisation	-	1	1	
4. EDV-Organisatoren (Systemplaner, -analytiker)	2 - 3	4 - 6	11 - 25	bei sehr großen EDV-Abteilungen auch darüber
5. Leiter Programmierung	-	1	1	
6. Anwendungsprogrammierer	2 - 3	5 - 8	11 - 25	"
7. Systemprogrammierer	-	1 - 2	3 - 7	
8. RZ- Leiter	1	1	1	
9. Arbeitsplaner, -vorbereiter und Archivare	1	2 - 3	4 - 10	
10. Operateure	1	2 - 3	4 - 6	je Schicht
11. Datatypistinnen	2 - 4	5 - 10	16 - 30	abhängig vom Datenvolumen
12. Sachbearbeiter Kontrolle/ Abstimmung	1	2 - 4	6 - 15	
13. Hilfskräfte	1	1 - 2	4 - 6	
Summe	12 - 16	26 - 42	64 - 129	inkl. Datatypistinnen

FUTH	STELLENPLAN	erstellt am: 11. 3. 76 erstellt durch: Krause

Bereich: Servicebereich

Abteilung: EDV-Abteilung

Gruppe: —

Bemerkungen:

Stellenbezeichnung	Ist am 1.1.76	Plan E 1976	Plan E 1977	Plan E 1978	Plan Änderung	Summe	Bemerkungen
Leiter EDV-Abteilung	1	—	—	—	—	1	
Sekretärin	1	—	—	—	—	1	
Assistent	1	—	—	—	—	1	
Leiter EDV-Organisation	1	—	—	—	—	1	
Systemplaner	4	+1	+1	+2	+4	8	ca. 1/3 Junioren
Systemanalytiker	6	—	+2	+1	+3	9	ca. 1/4 Junioren
Leiter Programmierung	1	—	—	—	—	1	
Anwendungsprogrammierer	8	—	+2	+2	+4	12	ca. 1/3 Junioren
Systemprogrammierer	2	—	+1	—	+1	3	
Leiter Rechenzentrum	1	—	—	—	—	1	
Arbeitsvorbereiter	4	—	—	—	—	4	
Datatypistinnen	16	—	./. 2	./. 3	./. 5	11	Direktdatenerfassung
Operateure	5	—	—	+1	+1	6	
Sachbearbeiter Kontrolle/Abst.	4	—	—	+2	+2	6	
Hilfskräfte	2	—	+1	—	+1	3	
Summe	57	58	63	68	+11	68	

Formular VI/11

3.2 Personalbeschaffungsplanung

Steht der quantitative und qualitative Personalbedarf für den Planungszeitraum fest, so folgt die Planung der zur Deckung dieses Personalbedarfs benötigten EDV-Kräfte. Ob diese Kräfte (oder ein Teil davon) aus dem eigenen Unternehmen hervorgehen oder auf dem Arbeitsmarkt angeworben werden, ist für die Beschaffung von zweitrangiger Bedeutung. Soweit fähige Kräfte im eigenen Unternehmen zur Verfügung stehen, wird man auf diese zurückgreifen und sie ausbilden. Ist dies nicht der Fall, so ist das Unternehmen auf den Arbeitsmarkt angewiesen. In der Praxis hat sich die Methode bewährt, vorhandene Mitarbeiter durch Fachkräfte von außen zu ergänzen, die bereits über entsprechende Erfahrungen in anderen Unternehmen verfügen. Nachwuchskräfte wird man dagegen meist aus eigenen Mitarbeitern auswählen. Da für diese Personen aber 1 bis 2 Jahre für Ausbildung und Einarbeitung benötigt werden, bevor sie als vollwertige Kräfte zur Verfügung stehen, und diese Zeit oftmals nicht vorhanden ist, muß zumindest teilweise auf Kräfte von außerhalb des Unternehmens zurückgegriffen werden.

Von entscheidender Bedeutung ist die Auswahl des Leiters der EDV-Abteilung. Ob er aus dem eigenen Unternehmen hervorgeht oder auf dem Arbeitsmarkt angeworben wird, spielt bei der Besetzung dieser wichtigen Führungsposition eine zweitrangige Rolle. Zweckmäßig ist es jedoch, wenn der Leiter der EDV-Abteilung bereits an der Voruntersuchung mitgewirkt hat. Von ihm werden die höchsten Eignungen und Fähigkeiten verlangt. Er muß nicht nur gute Kenntnisse auf dem Gebiet der Betriebswirtschaft und Organisation besitzen, sondern auch die Datenverarbeitung in allen ihren Disziplinen beherrschen. Neben seinen besonderen fachlichen Fähigkeiten sollte er zur Menschenführung befähigt sein und sich zum Teamgeist bekennen. Nicht wenige Führungskräfte der Datenverarbeitung scheitern daran, daß sie ein unzeitgemäßes Untertanensystem errichten oder ein Kumpelverhältnis zu ihren Mitarbeitern haben. Der Leiter der EDV-Abteilung muß loyal auf der Seite des Unternehmens stehen und das volle Vertrauen der Unternehmensführung besitzen.

Die Leiter für die einzelnen Gruppen können aus eigenen Mitarbeitern ausgewählt oder ebenfalls auf dem Arbeitsmarkt beschafft werden. Sie müssen in erster Linie hervorragende Fachleute ihrer Disziplin sein, die den Mitgliedern ihrer Gruppe Rat und Unterstützung geben können. Auch für diese Positionen sind Kräfte ungeeignet, denen eine Teamarbeit fremd ist.

Auch an die EDV-Organisatoren sind hohe Maßstäbe zu legen. Von einem Organisator auf dem Gebiet der EDV werden nicht nur gute betriebswirtschaftliche Kenntnisse und eine gründliche EDV-Ausbildung verlangt, er muß auch das Rüstzeug für seine Organisationsarbeit besitzen. Die Fähigkeit zum logischen und abstrakten Denken und dazu Phantasie und Kombinationsgabe sind die Grundvoraussetzungen jeder organisatorischen Tätigkeit. Zusätzlich wird von ihm gefordert, daß er die Programmierungstechnik kennt und selbst eine Zeitlang programmiert hat. Die Befähigung im Umgang mit den Angehörigen der Fachabteilungen gehört genauso zu den Eigenschaften eines guten EDV-Organisators wie die Anpassung an die Mitglieder des eigenen Teams.

Im Gegensatz zum EDV-Organisator kommt es beim Programmierer weniger auf Vorkenntnisse als auf eine gute Eignung und gründliche Ausbildung an. Unerläßlich ist es für seine Qualifikation, daß er ein hohes Maß logischen Denkvermögens und eine Spezialbegabung zum abstrakten Denken besitzt. Eine gute Allgemeinbildung und das Wissen um die wirtschaftlichen Zusammenhänge sind von Vorteil, jedoch nicht in jedem Falle unbedingte Voraussetzung für den Beruf eines Programmierers.

Die Auswahl der Nachwuchsprogrammierer erfolgt meist mit Hilfe eines Tests, bei dem der Bewerber innerhalb einer bestimmten Zeit eine größere Anzahl Aufgaben lösen muß, die aus der Fortführung logisch aufgebauter Folgen bestehen. Die richtigen Lösungen erhalten dann eine dem Schwierigkeitsgrad entsprechende Punktbewertung, und der Test gilt als bestanden, wenn der Bewerber eine festgesetzte Punktzahl erreicht. Sicher sagt der Test wenig über die besondere Eignung eines Bewerber als Programmierer aus. Wer eine hohe Punktzahl erreicht, braucht deshalb nicht ein Spitzenprogrammierer zu werden. Allerdings wird ein Bewerber, der in der vorgeschriebenen Zeit nur eine sehr geringe Punktzahl erzielt, sich wohl kaum für den Beruf eines Programmierers eignen. Bild 16 zeigt das Beispiel eines solchen Tests für EDV-Nachwuchskräfte, ergänzt um einen weiteren Test (Bild 17), bei dem der Bewerber einen einfachen Programmablauf darzustellen hat.

Weitaus höhere Ansprüche als früher werden heute an das Bedienungspersonal und an die Arbeitsplaner und Ablaufvorbereiter gestellt. Bei der Auswahl der Operateure werden häufig Fehler gemacht. Nicht jeder Bediener einer kleinen EDV-Anlage eignet sich als Konsoloperator, an den heute außerordentlich hohe Ansprüche gestellt werden.

Bild 18 zeigt eine Übersicht über die Aktivitäten der Personalbeschaffungsplanung und die Aufgabenteilung zwischen Personal- und EDV-Abteilung.

Die Personalbeschaffungsplanung selbst erfolgt mit Hilfe des Formulars VI/12, Personal-Beschaffungsplan, das auf der Vorderseite die Plandaten der Beschaffung und die Ergebnisse der Beschaffungsaktion zu Kontrollzwecken aufnimmt. Auf der Rückseite des Formulars werden dann die einzelnen durchzuführenden Aktionen der Beschaffungsaktion entsprechend der Übersicht in Bild 18 dokumentiert.

Für telefonische und schriftliche Anfragen von Bewerbern steht das Formular VI/13, Kurzbewerbung, zur Verfügung. Dieses Formular füllt der betreffende Bearbeiter (in der Regel der Leiter der EDV-Abteilung) bei telefonischen oder schriftlichen Anfragen von Bewerbern aus. Die Eintragung entscheidet dann darüber, welche weiteren Maßnahmen zu ergreifen sind.

FUTH	Personalbeschaffungsplanung Testaufgabe 1	Bild 16 (1)

Bearbeitungsanleitung für Teil I

Die Zahlen jeder der folgenden Reihen unterliegen einer bestimmten Gesetzmäßigkeit, die es zu erkennen gilt. Entsprechend der erkannten Gesetzmäßigkeit ist jede Reihe um jeweils ein Reihenglied zu erweitern. Die richtige Lösung ist eine der rechts neben jeder Reihe unter A bis E angegebenen Zahlen. Die richtige Lösung ist auf dem Lösungsblatt anzukreuzen.

1. Beispiel:	A	B	C	D	E
2 4 6 8 10 12	9	10	11	13	14

Jede Zahl ist gegenüber der vorhergehenden um 2 größer. Das zu ergänzende Reihenglied muß also 14 (12 + 2) sein. Die richtige Lösung steht unter E. Dieses E ist auf dem Lösungsblatt anzukreuzen.

2. Beispiel:	A	B	C	D	E
2 4 5 10 11 22	23	24	25	26	27

Die Reihe unterliegt folgender Gesetzmäßigkeit:

Multipliziere mit 2, addiere 1, multipliziere mit 2, addiere 1, multipliziere mit 2 usw. Das entsprechend der Gesetzmäßigkeit hinzugefügte Reihenglied ist die Zahl 23. Auf dem Lösungsblatt ist also A anzukreuzen.

FUTH	Personalbeschaffungsplanung Testaufgabe 1	Bild 16 (2)

Aufgabenblatt für Teil I - Seite 1 -

Nr.							A	B	C	D	E
1.	39	33	27	21	15	9	45	3	-2	25	31
2.	10	14	18	22	18	14	12	9	11	8	10
3.	5	6	8	11	15	20	4	25	40	30	26
4.	27	29	32	34	37	39	42	26	45	40	41
5.	7	8	9	7	8	9	6	7	8	10	5
6.	7	9	6	10	5	11	16	9	6	4	11
7.	57	54	50	52	49	45	43	48	47	41	44
8.	55	51	47	64	60	56	52	66	27	33	73
9.	41	49	55	49	57	63	57	67	59	61	60
10.	5	4	16	15	28	27	26	41	0	9	40
11.	3	6	11	22	27	54	59	55	108	81	27
12.	30	15	45	40	20	60	90	55	45	80	48

FUTH	Personalbeschaffungsplanung Testaufgabe 1	Bild 16 (3)

Aufgabenblatt für Teil I - Seite 2 -

Nr.							A	B	C	D	E
13.	13	14	12	36	9	10	30	9	16	8	40
14.	8	16	20	18	21	42	4	39	46	63	16
15.	56	58	61	57	52	58	65	53	51	72	63
16.	36	34	32	8	6	4	0	5	7	1	3
17.	6	8	24	6	30	32	34	96	37	64	16
18.	24	12	6	24	96	48	36	3	64	24	192
19.	117	115	111	103	87	55	118	11	16	-28	-9
20.	32	-32	-16	16	8	-8	64	4	-4	24	-2
21.	42	44	-22	-20	10	12	-6	2	-3	14	6
22.	3	-3	-2	4	6	-18	-8	15	12	-15	18
23.	100	20	120	30	150	50	170	10	190	70	200

FUTH	Personalbeschaffungsplanung Testaufgabe 1	Bild 16 (4)

Lösungsblatt für Teil I

(Lösungszeit 20 Min.)

1	A	X	C	D	E
2	A	B	C	D	X
3	A	B	C	D	X
4	X	B	C	D	E
5	A	X	C	D	E
6	A	B	C	X	E
7	A	B	X	D	E
8	A	B	C	D	X
9	X	B	C	D	E
10	A	X	C	D	E
11	X	B	C	D	E
12	A	X	C	D	E
13	A	B	C	X	E
14	A	B	X	D	E
15	X	B	C	D	E
16	A	B	C	X	E
17	A	X	C	D	E
18	A	B	C	X	E
19	A	B	C	D	X
20	A	B	C	X	E
21	X	B	C	D	E
22	A	B	C	X	E
23	A	B	C	D	X

FUTH	Personalbeschaffungsplanung Testaufgabe 1	Bild 16 (5)

Bearbeitungsanleitung für Teil II

1. Beispiel:

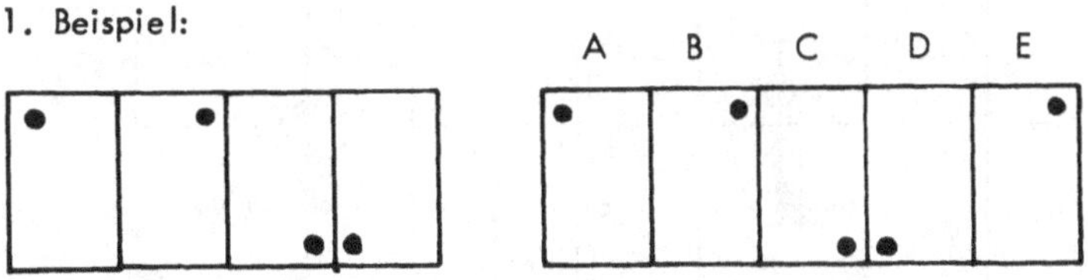

Die folgenden Serien-Abbildungen (jeweils linke Kästchenreihe) verändern sich nach einer bestimmten Regel. Im obigen Beispiel wandert der Punkt im Uhrzeigersinne durch die Ecken des Kästchens.

Die Serie ist entsprechend der festgestellten Regel gedanklich um ein Kästchen zu erweitern. Eines der unter A bis E angegebenen Kästchen (jeweils rechte Kästchenreihe) enthält die richtige Lösung. Diese ist auf dem Lösungsblatt für Teil II anzukreuzen.

Die richtige Lösung für das 1. Beispiel ist aufgrund der gedanklichen Fortsetzung der ermittelten Regel (der Punkt wandert im Uhrzeigersinne) im Kästchen A angegeben. Dieses A ist also auf dem Lösungsblatt für Teil II anzukreuzen.

2. Beispiel:

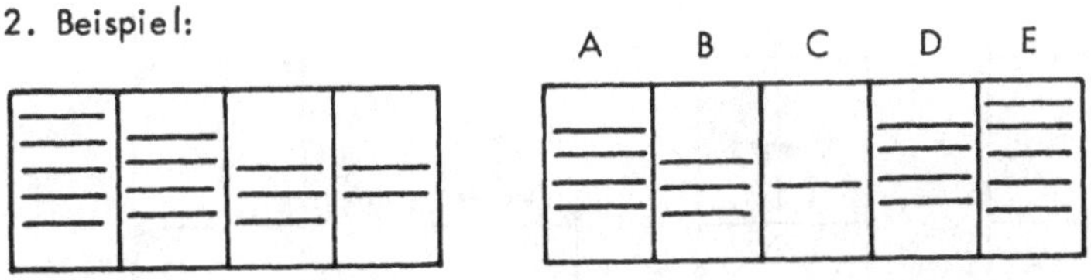

Regel: Die Anzahl der Striche vermindert sich in jedem Kästchen immer um eins. Die Lösung zur Fortsetzung dieser Serie um ein Kästchen findet sich in der rechten Kästchenreihe unter C. Dieses C ist auf dem Lösungsblatt für Teil II anzukreuzen.

FUTH	Personalbeschaffungsplanung Testaufgabe 1	Bild 16 (6)

Aufgabenblatt für Teil II Seite 1

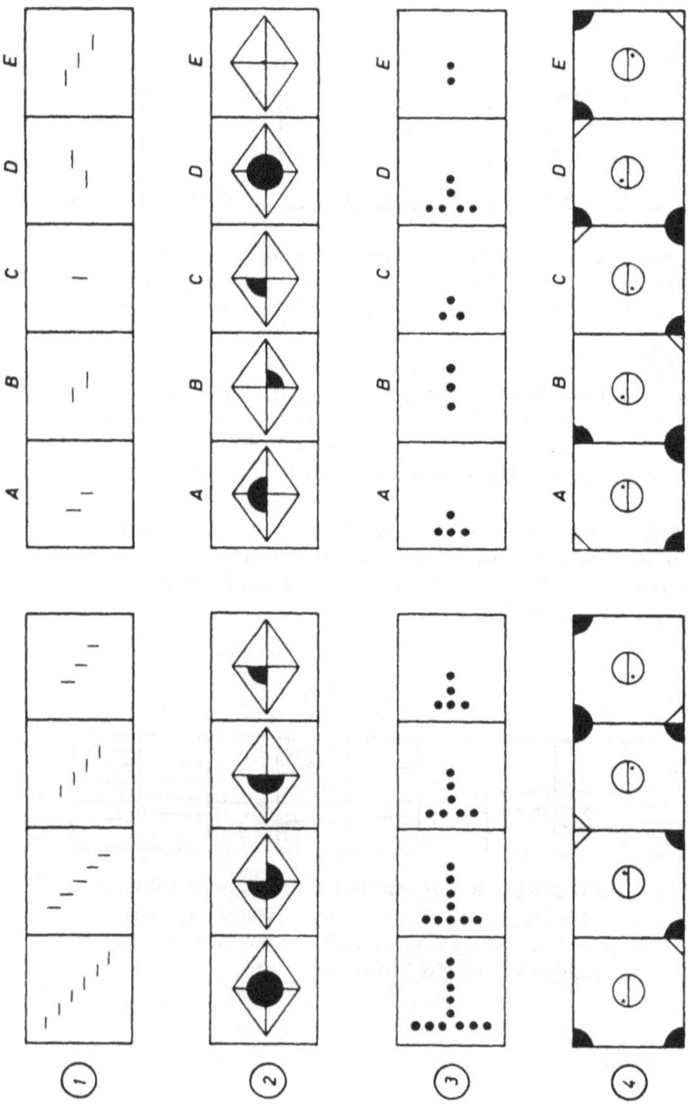

FUTH	Personalbeschaffungsplanung Testaufgabe 1	Bild 16 (7)

Aufgabenblatt für Teil II Seite 2

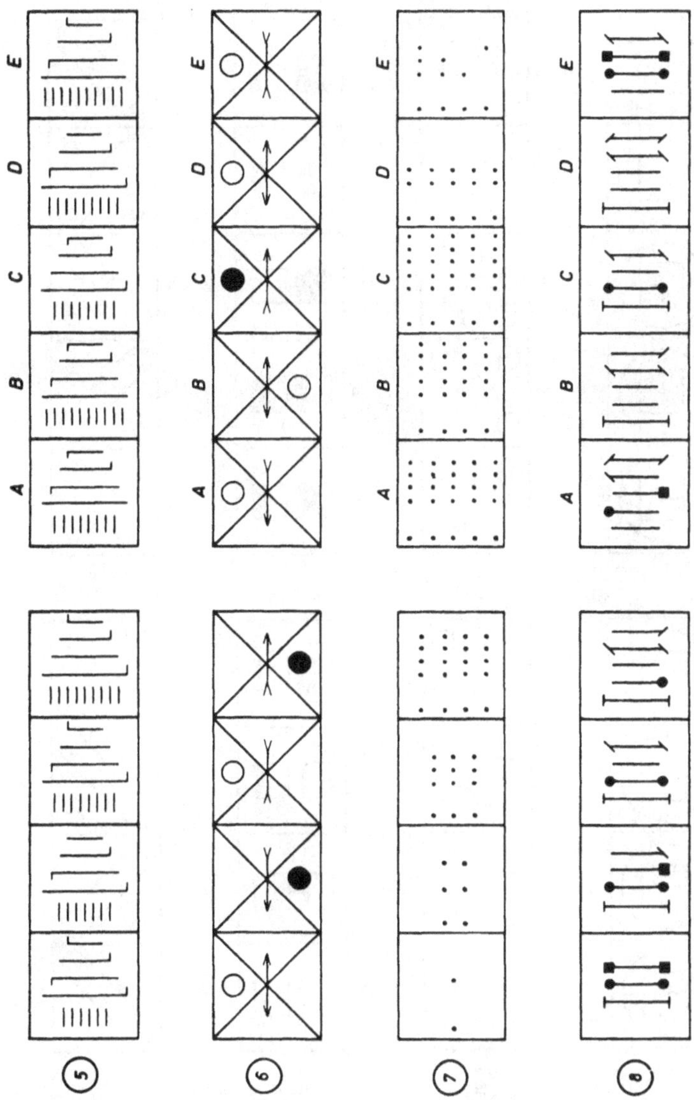

FUTH	Personalbeschaffungsplanung Testaufgabe 1	Bild 16 (8)

Aufgabenblatt für Teil II Seite 3

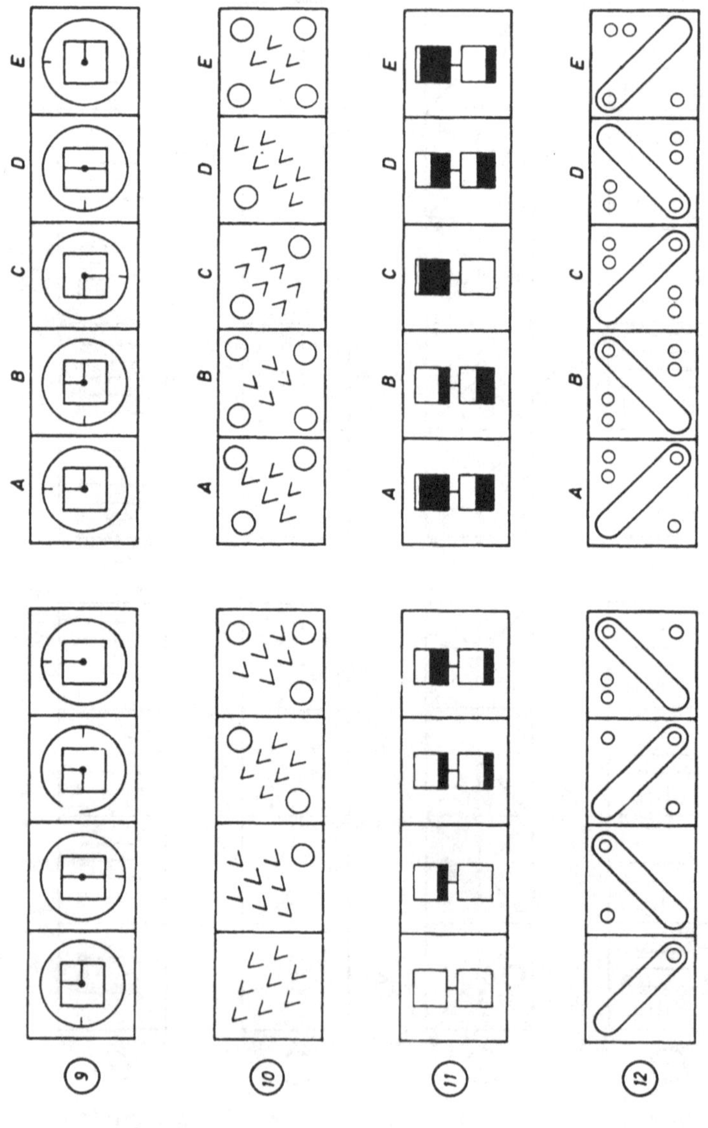

FUTH	Personalbeschaffungsplanung Testaufgabe 1	Bild 16 (9)

Aufgabenblatt für Teil II Seite 4

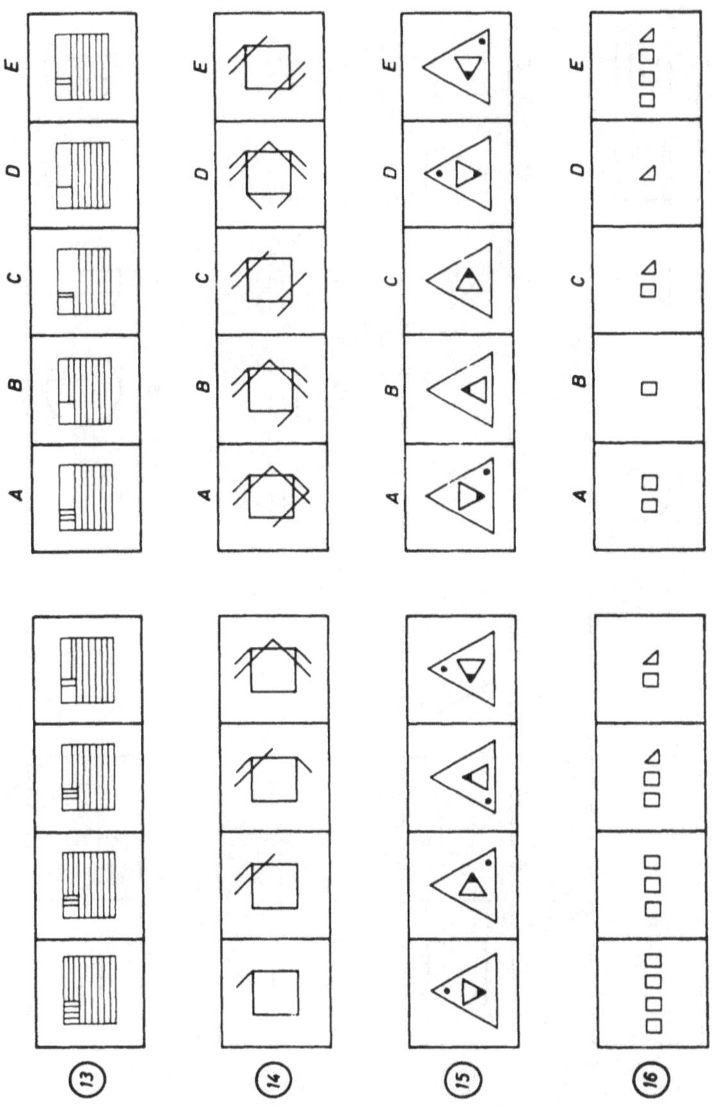

FUTH	Personalbeschaffungsplanung Testaufgabe 1	Bild 16 (10)

Aufgabenblatt für Teil II Seite 5

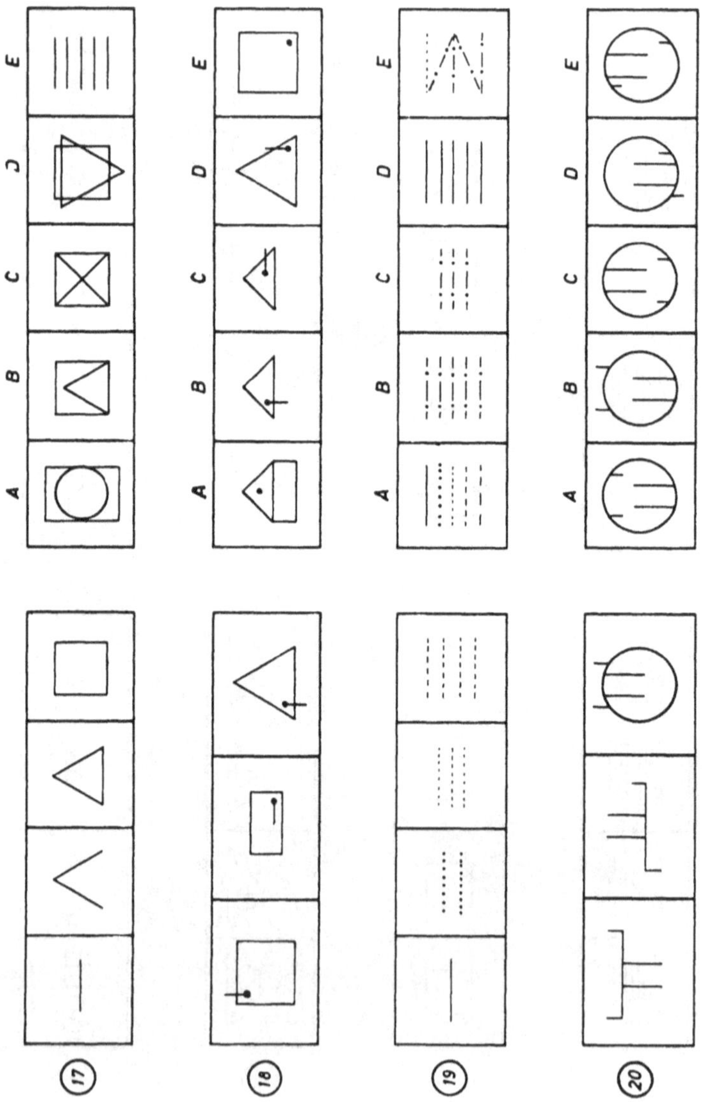

FUTH	Personalbeschaffungsplanung Testaufgabe 1	Bild 16 (11)

Lösungsblatt für Teil II

(Lösungszeit 20 Min.)

1	A	B ✗	C	D	E
2	A	B	C	D	E ✗
3	A	B	C ✗	D	E
4	A	B ✗	C	D	E
5	A	B	C	D	E ✗
6	A	B	C	D ✗	E
7	A	B	C ✗	D	E
8	A	B	C	D ✗	E
9	A	B ✗	C	D	E
10	A	B	C	D	E ✗
11	A	B	C	D ✗	E
12	A	B	C ✗	D	E
13	A	B	C	D	E ✗
14	A	B ✗	C	D	E
15	A ✗	B	C	D	E
16	A	B ✗	C	D	E
17	A	B	C	D	E ✗
18	A	B	C ✗	D	E
19	A	B ✗	C	D	E
20	A	B	C	D ✗	E

FUTH	Personalbeschaffungsplanung Testaufgabe 1	Bild 16 (12)

Bearbeitungsanleitung für Teil III

Im Teil III sollen Rechenaufgaben gelöst werden. Die richtig errechnete Lösung findet sich nach jedem Aufgabentext unter den Symbolen A bis E. Das die richtige Lösung kennzeichnende Symbol ist auf dem Lösungsblatt für Teil III anzukreuzen.

Beispiel: A und B haben zusammen 100,-- DM. Wieviel hat B, wenn A 80,-- DM besitzt?

A	B	C	D	E
10,-	20,-	30,-	40,-	50,-

Die richtige Lösung ist 20,-- DM. Auf dem Lösungsblatt ist also "B" anzukreuzen.

Aufgabenblatt für Teil III

1.) A verdient in der Stunde viermal soviel als C, B dagegen verdient die Hälfte von dem, was A und C zusammen verdienen. Wie hoch ist der Gesamtverdienst von A, B und C zusammen, wenn C 2,-- DM verdient?

A	B	C	D	E
20,-	10,-	35,-	30,-	15,-

2.) Eine elektronische Sortiermaschine hat eine Durchlaufgeschwindigkeit von 800 Karten pro Minute. Ein 10.000 Karten umfassender Sortiervorgang erfordert 6 Kartendurchläufe der gesamten Karten. Welche reine Maschinenzeit nimmt dieser Sortiervorgang in Anspruch?

A	B	C	D	E
1 Std.	1 Std. 10 Min.	1 Std. 5 Min.	1 Std. 15 Min.	80 Min.

FUTH	Personalbeschaffungsplanung Testaufgabe 1	Bild 16 (13)

3.) In einem Kino sind während einer Vorstellung 75 % aller Plätze besetzt. Die durchschnittlichen Gesamteinnahmen für diese Vorstellung betragen 1.200,-- DM. Wie hoch wären die durchschnittlichen Einnahmen dieser Vorstellung, wenn noch 50 % der freien Plätze dazu verkauft worden wären?

A	B	C	D	E
1.300,-	1.350,-	1.400,-	1.500,-	1.600,-

4.) Ein Unternehmen produziert täglich 2.000 Wareneinheiten. Der Materialkostenanteil pro Wareneinheit beträgt 60 % des Verkaufspreises. Wie hoch ist der Verkaufsstückpreis einer Wareneinheit, wenn der Materialanteil einer Tagesproduktion 6.000,-- DM beträgt?

A	B	C	D	E
10,-	5,-	8,-	4,-	6,-

5.) Aus einem Kartenstapel werden zwei Fünftel der Karten ausgesondert, um sie später zu duplizieren. Der Dupliziervorgang dauert 4 Minuten. Der Duplizierautomat kann 6.000 Karten pro Stunde duplizieren. Wieviele Karten waren vor der Aussonderung in dem Stapel?

A	B	C	D	E
1.000	1.500	2.000	3.000	3.500

6.) Die Quersumme von a und d ergibt 7. Die Quersumme von a und b ergibt 8. Die Quersumme von b und c ergibt 9. "d" hat den Wert 4. Wie lautet die Quersumme der Zahlenwerte von a, b, c und d?

A	B	C	D	E
16	10	12	22	13

7.) Zwei hintereinander liegende gleichlange Grundstücke haben zusammen einen Umfang von 360 Metern. Beide Grundstücke sind jeweils 100 m lang. Das erste Grundstück ist 50 m breit. Wie breit ist das zweite Grundstück?

A	B	C	D	E
30 m	35 m	50 m	55 m	70 m

FUTH	Personalbeschaffungsplanung Testaufgabe 1	Bild 16 (14)

8.) In jeder Spalte einer Remington Rand-Lochkarte lassen sich bis zu 6 Lochungen unterbringen. Drei Fünftel einer 90 Spalten umfassenden Remington-Rand-Lochkarte sind ausgelocht. Wieviele Löcher enthält diese Lochkarte?

A	B	C	D	E
248	324	352	465	512

9.) Aus einem Flüssigkeitsbehälter, der 260 Liter enthält, werden täglich 15 Liter entnommen, an jedem darauffolgenden Tag jedoch 5 Liter mehr, als am Vortage. Nach wieviel Tagen ist der Behälter leer?

A	B	C	D	E
5	7	8	9	11

10.) Die addierten Notendurchschnitte einer Klasse ergeben 52. Dabei wurden nur ganze (keine halben) Noten gegeben. Die Gesamtdurchschnittsnote 1 haben 2 Schüler, die Gesamtdurchschnittsnote 2 haben 6 Schüler, die Gesamtdurchschnittsnote 4 haben 2 Schüler. Der Rest der Schüler hat die Gesamtdurchschnittsnote 3. Wieviele Schüler sind in der Klasse?

A	B	C	D	E
13	15	17	20	22

11.) Ein Fußgänger legt in einer Minute durchschnittlich 80 Meter zurück. Nach welcher Zeit erreicht er das von seinem Standort aus 15,6 km entfernte Ziel, wenn er unterwegs noch eine halbe Stunde Pause einlegt?

A	B	C	D	E
2 Std. 45	3 Std.	3 Std. 10	3 Std. 20	3 Std. 45

FUTH	Personalbeschaffungsplanung Testaufgabe 1	Bild 16 (15)

Lösungsblatt für Teil III

(Lösungszeit 20 Min.)

1	A	B	C	D	~~E~~
2	A	B	C	~~D~~	E
3	A	B	~~C~~	D	E
4	A	~~B~~	C	D	E
5	~~A~~	B	C	D	E
6	~~A~~	B	C	D	E
7	~~A~~	B	C	D	E
8	A	~~B~~	C	D	E
9	A	B	~~C~~	D	E
10	A	B	C	~~D~~	E
11	A	B	C	D	~~E~~

FUTH	Personalbeschaffungsplanung Testaufgabe 2	Bild 17 (1)

Eingabesatz:

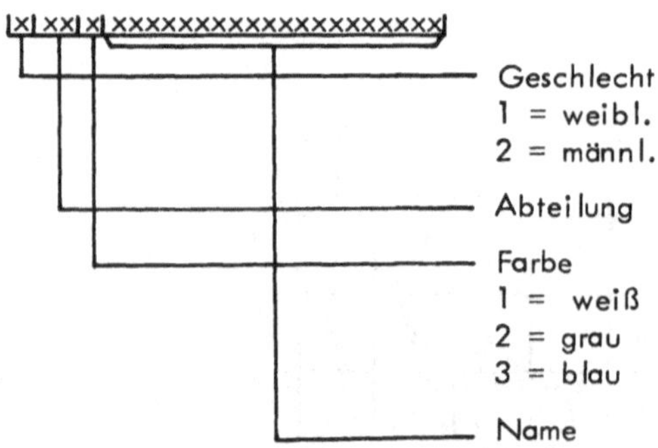

Verarbeitung:

Es sind die Namen der Personen in einer Liste anzudrucken, die einen Kittel bekommen.

Ein Kittel wird geliefert:

a) für weibliche Mitarbeiter der Abteilungen 10 und 15

b) für männliche Mitarbeiter, die nicht in der Abteilung 10 arbeiten. Weiße Kittel dürfen nur an Mitarbeiter der Abteilung 15 ausgegeben werden.

Alle Eingabesätze, deren Angaben nicht den obigen Bedingungen entsprechen, sind als Fehler auszudrucken.

Bitte zeichnen Sie den Ablaufplan für die notwendigen Abfragen.

FUTH	Personalbeschaffungsplanung Testaufgabe 2	Bild 17 (2)

Musterlösung

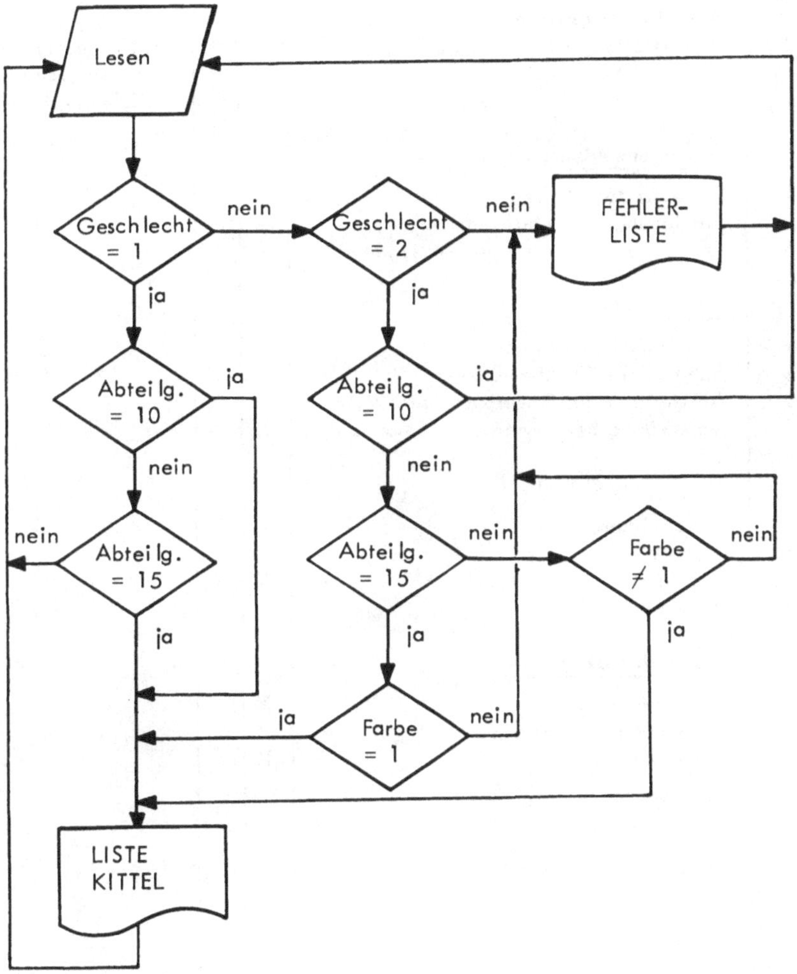

FUTH	EDV-Personalplanung Personalbeschaffungsplanung			Bild 18
Lfd. Nr.	Aktivität	Pers. Abt.	EDV Abt.	Bemerkungen
1.	Planung der Personalbeschaffung			
1.1	Festlegung der Beschaffungsdaten	X	X	
1.2	Prüfung auf interne Beschaffung	X		
1.3	Einschaltung Arbeitsämter und Ausbildungsinstitute	X		
1.4	Bereitstellung von Unterlagen		X	Stellenbeschreibungen, Anforderungsprofile, Richtgehälter
2.	Anzeigenwerbung			
2.1	Auswahl der Werbeträger	X		
2.2	Festlegung der Schalttermine	X		
2.3	Entwurf und Vergabe der Anzeigen	X	X	
3.	Bewerbungsaktion			
3.1	Telefonische Anfragen		X	
3.2	Schriftliche Kurzbewerbung		X	
3.3	Auswertung der Bewerbungsunterlagen	X	X	
3.4	Vorstellung der Bewerber und Auswahl	X	X	
4.	Einstellungsaktion			
4.1	Entscheidung	X	X	
4.2	Angebot	X		
4.3	Zusagen	X		
4.4	Absagen	X		
5.	Beschaffungskontrolle			
5.1	Anzeigenkontrolle	X		
5.2	Bewerbungskontrolle	X		
5.3	Kostenkontrolle	X		

FUTH	PERSONALBESCHAFFUNGSPLAN	erstellt am: 25.2.76 erstellt durch: [illegible]

Bereich: Servicebereich Abteilung: EDV-Abteilung Gruppe:				
	Werbeträger	CZ	CW	FAZ
	Anzahl Anzeigen	1	1	1
	Schalttermine	1.5.76	15.5.76	15.5.76

Planung

Stellenbezeichnung	Funktion	Anzahl	Datum	Bemerkungen
Systemplaner	Fachkraft	2	1.10.76	
Systemanalytiker	"	1	"	
Anwendungsprogrammierer	"	3	"	

Kontrolle

Anzeigenkontrolle

Werbeträger	CZ	CW	FAZ	Summe
Telefonische Anfragen	12	15	23	50
Schriftliche Anfragen	3	1	6	10
Schriftliche Bewerbungen	6	7	11	24

Bewerbungskontrolle		Kostenkontrolle	
Vorstellungsgespräche	13	Anzeigenkosten	8.000,–
Einstellungsangebote	6	Vorstellungskosten	2.350,–
Einstellungen	5	Sonstige Kosten	–
Bewerberabsagen	1	Gesamtkosten	10.350,–

Formular VI/12

	Durchführung				
Lfd. Nr.	Aktivität	Abteilung	Name	Termin	erledigt
1.	Planung Personalbeschaffung				
1.1	Festlegung Beschaffungsbedarf	EDV	Neumann	15.3.	Neu.
1.2	Prüfung auf int. Beschaffungsmöglichkeiten	PA	Winterfeld	20.3.	Wint.
1.3	Einschaltung Arbeitsämter	PA	Winterfeld	20.3.	Wint.
1.4	Einschaltung Weiterbildungsinstitute	PA	Winterfeld	20.3.	Wint.
1.5	Bereitstellung von Unterlagen	EDV	Neumann	30.5.	Neu.
2.	Personalwerbung				
2.1	Auswahl der Werbeträger	PA	Winterfeld	15.3.	Wint.
2.2	Festlegung der Schaltertermine	PA	Winterfeld	20.3.	Wint.
2.3	Entwurf und Vergabe d. Anzeigen	PA	Winterfeld	15.4.	Wint.
3.	Bewerbungen				
3.1	Telefonische Anfragen	EDV	Neumann		Neu.
3.2	Schriftliche Anfragen	EDV	Neumann		Neu.
3.3	Schriftliche Bewerbungen	EDV	Neumann		Neu.
3.4	Auswertung d. schriftl. Bewerbungen	EDV	Neumann		Neu.
3.5	Vorstellung: Fachgespräche u. Tests	EDV	Neumann		Neu.
3.6	Vorstellung: Abschlußgespräch	PA	Winterfeld		Wint.
4.	Einstellung				
4.1	Entscheidung	PA / EDV	Winterf. / Neum.		Wint.
4.2	Angebot	PA	Winterfeld		Wint.
4.3	Zusagen	PA	Winterfeld		Wint.
4.4	Absagen	PA	Winterfeld		Wint.
5.	Beschaffungskontrolle				
5.1	Anzeigenkontrolle	PA	Winterfeld		Wint.
5.2	Bewerbungskontrolle	PA	Winterfeld		Wint.
5.3	Kostenkontrolle	PA	Winterfeld		Wint.

Das vierseitige Formular VI/14, Bewerbungsbogen, dient schließlich dazu, alle Einzeldaten eines Bewerbers aufzunehmen. Es wird von den Bearbeitern der EDV- und der Personalabteilung vor, während und nach der Vorstellung eines Bewerbers ausgefüllt. Außer den persönlichen Daten enthält das Formular den Ausbildungs- und Berufsweg des Bewerbers, seine Beurteilung, die Entscheidung über Einstellung oder Ablehnung und die Einzelheiten für den Anstellungsvertrag.

FUTH	KURZBEWERBUNG	erstellt am: *12.5.76* erstellt durch: *Kröse*

Datum: *9.6.76*	Name: *Jansen, Horst*
Bearbeiter: *Neumann*	Anschrift: *5 Köln 1* *Weserstr. 6*
Werbeträger: *Cz*	
telefonisch ⊗ schriftlich ○	Telefon: *74 32 38*

Bewerberdaten

Gegenwärtig beschäftigt als: *Systemplaner*

Ungekündigt: ja ⊗ nein ○

Kündigungstermine: *3 Monate zum Quartal*

Bewerbungsgrund: *finanziell*

Gegenwärtiges Gehalt:	*3.000,-* DM p.m.	*39.000,-* DM p.a.
Gewünschtes Gehalt:	*3.300,-* DM p.m.	*42.900,-* DM p.a.

Schulbildung: *mittlere Reife*

Ausbildung: *Cobol, Dateiorganisation, EDV-Organisation*

Berufserfahrung:
2 Jahre Programmierung
3 Jahre Systemanalyse
2 Jahre Systemplanung

Besondere Fähigkeiten: *2 Jahre Projektleitung*

Maßnahmen

Firma hat kein Interesse	○	Bewerber hat kein Interesse	○
Firma bittet um schriftl. Bewerbung	⊗	Bewerber bittet um Bedenkzeit	○
Firma bittet um pers. Vorstellung	○	Bewerber bewirbt sich schriftlich	○
	○		○

Formular VI/13

FUTH	BEWERBUNGSBOGEN	erstellt am: 25.5.76 erstellt durch: Krün	1/2

Persönliche Daten

Name:	Bogen	Staatsangehörigkeit:	D
Vorname:	Richard	Arbeitserlaubnis:	
Geburtsdatum:	30.1.1942	Anschrift:	5608 Radevormwald Auf der Brede 60
Geburtsort:	Radevormwald		
Familienstand:	verh.		
Anzahl Kinder:	2	Telefon-Nr.:	02191/68531

Gegenwärtige Situation		Vorstellungen/Wünsche	
Erlernter Beruf:	Industriekaufmann	Angestrebte Stellung:	Systemanalytiker
Gegenwärtige Stellung:	Systemanalytiker	Angestrebte Funktion:	Fachkraft
Gekündigt zum:		Gewünschter Einstellungstermin:	1.10.76
Kündigungsfristen:	3 Monate zum Quartal	Gewünschter Einstellungsort:	Frankfurt
Gegenwärtiges Monatsgehalt:	2.900,-	Gehaltswunsch p.m.:	3.100,-
Zulagen, Prämien usw.:	13. Gehalt	Zulagen, Prämien usw.:	13. Gehalt
Gegenwärtige Bezüge p.a.:	37.700,-	Gewünschte Bezüge p.a.:	40.300,-
Sonderrechte:	—	Sonderrechte:	—
Wettbewerbsverbot:	—	Wettbewerbsverbot:	—
Sonstiges:	—	Sonstiges:	—

Bewerbungsunterlagen		Bearbeitung	
Bewerbungsschreiben	⊗	Bearbeiter EDV:	Neumann
Tabellarischer Lebenslauf	⊗	Bearbeiter PA:	Winterfeld
Anzahl Ausbildungszeugnisse	2	Vorstellungsdatum:	16.5.76
Anzahl Beschäftigungszeugnisse	4	Beschaffungsaktion:	per 1.10.76
Sonstige:	—	Werbeträger:	CZ

Formular VI/14

Schulbildung/Ausbildung					
von	bis	Schule/Institut	Fachrichtung	Abschluß	Hinweise
1948	1952	Volksschule	–	–	–
1952	1958	Mittelschule	–	Mittlere Reife	–
1959	1962	Kfm. Lehre	–	Industriekfm.	–
	1966	IBM	Ass.-Kursus	–	360,25
	1968	IBM	DOS-Kursus	–	360
	1970	IBM	Dateiorganisation	–	–
	1973	FUTH	METHODOS II	–	EDV-Org.
	1974	IBM	Datenbanken	–	Einführung

Berufserfahrung					
von	bis	Firma/Branche	Stelle/Funktion	Tätigkeit	EDV-Hinweise
1959	1962	Fa. Benning, Köln	Kfm. Lehre	Industriekfm.	–
1.1.62	31.12.65	"	Kfm. Angestellter	Kostenrechng.	–
1.1.66	30.6.69	IBM, Köln	Programmierer	kfm. Anwendg.	Ass. 360,25
1.7.69	31.12.73	Fa. Seldner, Köln	Systemanalytiker	"	360,40
1.1.74	–	Fa. Horner, Frankfurt	Systemanalytiker	Kostenrechng.	370,125

Besondere Fähigkeiten (lt. Unterlagen)

Einsatz als Projektleiter

BEWERBUNGSBOGEN		2/2	
Beurteilung			
Beurteilungsmerkmal	Erläuterungen	Note	
Bewerbung			
Bewerbungsschreiben	Inhalt und Stil gut	2	3
Tabell. Lebenslauf	Ohne Beanstandungen	2	2
Ausbildung und Berufsweg			
Schulbildung	Volks- und Mittelschule mit befriedigendem Abschluß	3	3
Ausbildung	gutes Mittelmaß, Cobol fehlt	3	4
Berufserfahrung	ausreichende Berufserfahrung in Programmierung und Systemanalyse	2	2
Besondere Fähigkeiten	2 Jahre Projektleitereinsatz	2	3
Sonstiges	–		
Vorstellung			
Persönlichkeitstest	–	–	–
Fachtest		2	3
Vorstellungsgespräch			
- Intelligenz	guter Eindruck	2	2
- Selbständigkeit	nicht ganz befriedigender Eindruck	3	4
- Ausdauer	nicht zu beurteilen	–	–
- Zuverlässigkeit	guter Eindruck	2	2
- Anpassungsfähigkeit	scheint für Teamarbeit gut geeignet	3	2
- Durchsetzungsvermögen	fraglich	4	4
Gesamtbild			
- persönlich	insgesamt befriedigender Eindruck	2	3
- fachlich	insgesamt guter Eindruck	2	2
Summe		2	3+

1 = ausgezeichnete Beurteilung
2 = gute Beurteilung
3 = durchschnittliche Beurteilung
4 = noch ausreichende Beurteilung
5 = nicht ausreichende Beurteilung
+ = nach oben tendierend
- = nach unten tendierend

Entscheidung

Entscheidung Firma bis:	–	Entscheidung Bewerber bis:	–
Einstellung zum:	1.10.76	Mündliche Zusage Bewerber:	–
Vertragsausfertigung bis:	15.6.76	Schriftliche Zusage Bewerber bis:	20.6.76
Vertragsrückgabe bis:	20.6.76	Bemerkungen:	
Ablehnung:	–		

Einzelheiten Anstellungsvertrag

Stellenbezeichnung:	Systemanalytiker
Funktion:	Fachkraft
Probezeit:	6 Monate mit mtl. Kündigung
Kündigungsfrist:	3 Monate zum Quartal
Monatliches Gehalt:	3.100,–
Übernahme Umzugskosten:	ja
Übernahme Maklerkosten:	ja
Übernahme sonstige Kosten:	nein
Übernahme Gratifikation:	nein
Übernahme Urlaub:	nein
Trennungsentschädigung:	ja, 6 Monate
Sondervereinbarungen:	nein
Urlaub:	üblich
Überstundenvergütung:	nein
Freiwillige Sozialleistungen:	üblich: 13. Gehalt

Bewerbungskosten

Fahrtkosten:	80,–	Verpflegungskosten:	15,–
Übernachtungskosten:	–	Erstattung:	95,– bar bezahlt

Mitteilung Betriebsrat

Ausgang am:	18.5.76	Zustimmung:	ja/nein
Eingang am:	28.5.76	Ablehnung:	

3.3 Personaleinsatzplanung

Mit der Personaleinsatzplanung wird das Ziel verfolgt, die EDV-Stellen im Unternehmen quantitativ und qualitativ mit den geeigneten Mitarbeitern zu besetzen. Hierbei muß von den für den Planungszeitraum verfügbaren Kräften ausgegangen werden, und es wird versucht, die im bekannten Anforderungsprofil (Formular VI/02) festgelegten Voraussetzungen und Anforderungen mit den Eignungen und Fähigkeiten der verfügbaren Mitarbeiter in Übereinstimmung zu bringen. Hieraus geht schon hervor, daß die Personaleinsatzplanung kein einmaliger Vorgang ist, sondern laufend (meist einmal jährlich bei der Mitarbeiterbeurteilung) korrigiert werden muß, da die aus Erfahrungen und Weiterbildung gewonnenen Kenntnisse die Fähigkeiten der Mitarbeiter verbessern und eine Anpassung und Korrektur der Personaleinsatzplanung bedingen.

Methodische Grundlagen der Personaleinsatzplanung sind:

- der <u>Stellenplan</u> (Formular VI/11)
  mit den quantitativen Personaldaten

- <u>das Anforderungsprofil</u> (Formular VI/02)
  mit den qualitativen Anforderungen und

- die <u>Personalkarte</u> (Formular VI/15)
  mit den laufend ergänzten Ist-Daten.

Die Personalkarte (Formular VI/15) wird bei Einstellung eines Mitarbeiters angelegt. Sie enthält auf der Vorderseite die Anfangsdaten des betreffenden Mitarbeiters, wobei für die Einsatzplanung vornehmlich seine Ausbildung, seine Berufserfahrung und seine besonderen Fähigkeiten von Interesse sind. Die Karte wird auf der Rückseite laufend durch Änderungen, hauptsächlich aufgrund von Weiterbildung und Einsatzerfahrungen, ergänzt. Auf diese Weise bietet die Personalkarte einen aktuellen Überblick über die Fähigkeiten und Erfahrungen eines Mitarbeiters.

Die beschriebene Einsatzplanung gilt für alle Mitarbeiter der EDV-Abteilung und bildet den Ausgangspunkt für die Arbeitsplanung (die sich allerdings bei den Mitarbeitern des Rechenzentrums mit der Einsatzplanung deckt). Für die in den Projektgruppen tätigen Mitarbeiter (EDV-Organisatoren und Programmierer) müssen deshalb weitere Planungsunterlagen geführt werden, aus denen der wechselnde Projekteinsatz dieser Mitarbeiter hervorgeht. Hierzu dienen die Formulare:

- Umstellungsplan Projekte (Formular VI/16), als Faltplan im Anhang untergebracht, und

- Einsatzplan Personal (Formular VI/17), als Faltplan im Anhang untergebracht,

die laufend aktualisiert und aufeinander abgestimmt werden müssen.

FUTH	PERSONALKARTE	erstellt am: 15. 10. 76
		erstellt durch: Krüse

Name: Bergen, Richard	Stelle: Systemanalytiker
Personal-Nr.: 4711	Funktion: Fachkraft
Geburtsdatum: 30. 1. 42	Einstellungsdatum: 1. 10. 76
Anschrift: 6 Frankfurt 1, Mainzer Str. 8	Anfangsgehalt: 3.100,–
Telefon-Nr.: –	Bemerkungen: –

Schulbildung: Volks- und Mittelschule

Ausbildung: Industriekaufmann
Ass. 360, DOS, Dateiorganisation, Datenbank-Einführung

Berufserfahrung: 3½ Jahre Ass.-Programmierung 360, 25
4½ Jahre Systemanalytiker 360, 40, div. kfm. Anwendungen
2 Jahre Systemanalytiker 370, 125, Kostenrechnung

Besondere Fähigkeiten: ca. 2 Jahre Einsatz als Projektleiter

Formular VI/15

Personaländerungen			Personaleinsatz			
Datum	Änderung	Bemerkungen	von	bis	Abteilung/Tätigkeit	Bemerkungen
15.-22.10.	IBM OS-Lehrgang		1.10.	31.12.	Detailorganisation	
6.-11.11.	IBM Cobol-Seminar				Auftragsbearbeitung	
10.-12.2.	METHODOS II-Seminar		1.1.76		Cobol-Programmierung	

4. EDV-Personalmanagement

Neben der EDV-Personalorganisation und der EDV-Personalplanung bildet das EDV-Personalmanagement den dritten Punkt einer methodischen EDV-Personalführung. Denn die Erhaltung qualifizierten EDV-Personals ist genauso wichtig wie die Personalbeschaffung und Personalorganisation.

Das Personalmanagement dient der Erhaltung, Betreuung und Sicherung des eingesetzten EDV-Personals. Es baut auf den sachlichen und methodischen Grundlagen der EDV-Personalorganisation und EDV-Personalplanung auf und umfaßt die Personalaktivitäten:

- Mitarbeiterführung
  (Delegation, Leistungskontrolle und Motivation)

- Mitarbeiterbeurteilung
  (Zielsetzung, Methodik, Hinweise zur Durchführung und Hilfsmittel)

- Karriereförderung
  (Stellenversetzung und Funktionsumsetzung)

- Gehaltsfindung
  (Gehaltsstruktur, Richtgehälter und Individualgehälter) und

- Weiterbildung
  (Zielsetzung, Ermittlung des Gesamtbedarfs, Ermittlung des Einzelbedarfs und Planung, Lernerfolgskontrolle).

Bild 19 zeigt eine Übersicht über die Aktivitäten im Bereich des EDV-Personalmanagements.

FUTH	EDV-Personalmanagement Übersicht	Bild 19

Mitarbeiterführung

Delegation, Leistungskontrolle und Motivation

Mitarbeiterbeurteilung

Zielsetzung, Methodik, Hinweise zur Durchführung und Hilfsmittel

Karriereförderung

Stellenversetzung und Funktionsumsetzung

Gehaltsfindung

Gehaltsstruktur, Richtgehälter und Individualgehälter

Weiterbildung

Zielsetzung, Ermittlung des Gesamtbedarfs, Ermittlung des Einzelbedarfs und Planung, Lernerfolgskontrolle

4.1 Mitarbeiterführung

Zur Mitarbeiterführung gehört zunächst die richtige Besetzung der Stelle des EDV-Leiters, der nicht nur ein guter EDV-Fachmann, sondern vor allem in der Lage sein muß, seine Mitarbeiter zu führen, zu begeistern und zu motivieren. Die Mitarbeiter der EDV-Abteilung erwarten moderne Führungsprinzipien und entsprechendes Führungsverhalten. Ein autoritärer und bürokratischer Führungsstil eignet sich genauso wenig wie Kumpanei oder Gemeinsamkeit von EDV-Leiter und -Mitarbeitern gegenüber dem Unternehmen. Der Mitarbeiter von heute will motiviert werden und bei den Planungen mitwirken. Soll er sich engagieren, so muß er die Ziele kennen und von den einzuschlagenden Wegen überzeugt sein. Dies aber kann nur durch Information, Motivation und entsprechender Mitwirkung geschehen.

Unter "Führung" versteht man die Schaffung von (Führungs-) Systemen, die die Mitarbeiter dazu bewegen, bestimmte Dinge durchzuführen. Führung beinhaltet in diesem Sinne das Setzen und Erläutern von Zielen, das Entscheiden, das Koordinieren, das Delegieren und das Kontrollieren. Führen im Sinne einer modernen Personalführung bedeutet also nicht Befehlen und Anordnen.

Ohne daß wir hier näher und detailliert auf das umfangreiche Gebiet der Mitarbeiterführung eingehen können, seien die nachfolgenden Prinzipien einer modernen Mitarbeiterführung herausgestellt. Es sind dies:

- das Delegationsprinzip
- die Leistungskontrolle
- die Motivation
- die Mitarbeiterbeurteilung
- die Karriereförderung

- die Gehaltsfindung und
- die Weiterbildung der Mitarbeiter.

Wegen ihrer Bedeutung und ihres Umfanges sind den letzten vier Punkten eigene Kapitel gewidmet.

Eine der Grundvoraussetzungen einer modernen Mitarbeiterführung ist die Delegation. Unter Delegation wird das Prinzip verstanden, Verantwortung auf die Mitarbeiter zu delegieren. Auf diese Weise wird einmal der Mitarbeiter aus der Stufe des Befehlsempfängers und der subalternen Arbeitskraft herausgeführt und zum anderen der Vorgesetzte frei für Steuerungsaufgaben sowie für planerische und gestalterische Tätigkeiten. Eine Ausnahme von der Delegation machen die eigenen Entscheidungen der Führungskräfte, die Kontrolle der delegierten Arbeiten und Entscheidungen in Ausnahmefällen (Management by Exception).

Mit der Delegation allein ist es jedoch nicht getan. Derjenige, der führt, muß überwachen und kontrollieren, ob die Durchführung der Arbeiten und Erfüllung der Aufgaben entsprechend der Zielsetzung und Planung erfolgt. Diese Leistungskontrolle muß aber so erfolgen, daß nicht der positive Wert der Eigenverantwortung durch den negativen Wert der Überwachung und Kontrolle aufgehoben wird. Deshalb sollte der Vorgesetzte bei der Überwachung und Kontrolle behutsam vorgehen und neben sachlicher Kritik auch Lob und Anerkennung aussprechen.

Motivation bedeutet, den Mitarbeitern Ziele zu setzen, an deren Realisierung sie selbst, aus innerer Überzeugung heraus interessiert sind. Mitarbeiterführung und Motivation hängen insofern zusammen, als daß man (im Sinne eines modernen Managements) Mitarbeiter nur dann wirklich führen kann, wenn man es versteht, sie richtig zu motivieren. Motivation ist der Kernpunkt einer solchen Mitarbeiterführung, die sich entschieden von einem autoritären und patriarchalischen Führungsstil unterscheidet. Sie setzt jedoch voraus, daß für die Mitarbeiter klare Aufgaben- und Verantwortungsbereiche vorhanden sind, in die dann der Vorgesetzte nur in Ausnahmefällen oder nur bei Kontrollen eingreifen darf. Führungsstil und -verhalten sind der beste Schutz gegen eine übermäßige Mitarbeiterfluktuation. Durch Motivation soll der Vorgesetzte den Mitarbeiter von sich aus zu einer Erkenntnis bringen, ohne ihm diese Erkenntnis aufzuzwingen, und ihm darüber hinaus helfen, die gesteckten Ziele zu erreichen. Als Haupt-Motivationsfaktoren gelten:

- Interessante Aufgaben
- Anerkennung für gute Arbeiten
- Selbständige Aufgabenerfüllung
- Gerechtes Gehalt
- Weiterbildung
- Berufliches Vorwärtskommen.

4.2 Mitarbeiterbeurteilung

4.21 Zielsetzung

Von der personenunabhängigen Stellenbeschreibung und den objektiven Anforderungen an den Stelleninhaber unterscheidet sich die Mitarbeiterbeurteilung dadurch, daß sie die subjektiven Leistungen und Verhaltensweisen des Mitarbeiters analysiert und beurteilt. Eine solche methodisch durchgeführte Mitarbeiterbeurteilung ist von großem Nutzen für den einzelnen Mitarbeiter, für den Vorgesetzten und für das Unternehmen insgesamt. Sie ist wesentlich für den richtigen Einsatz des Mitarbeiters und seine Förderung, d.h. für seine Karriere, seine Gehaltsentwicklung und seine Weiterbildung.

Durch die Mitarbeiterbeurteilung sollen die Leistungen und das Leistungsverhalten des Mitarbeiters anhand von Beurteilungsmerkmalen systematisch und so objektiv wie möglich beurteilt werden. Die Beurteilung bezieht sich immer auf einen Mitarbeiter in einer bestimmten Stelle (dokumentiert durch die Stellenbeschreibung) und mit einer bestimmten Qualifikation (dokumentiert durch das Anforderungsprofil). Während aber die Stellenbeschreibung die Aufgaben und Befugnisse eines Stelleninhabers aufführt und das Anforderungsprofil die Anforderungen an einen Stelleninhaber nennt, wird mit Hilfe der Mitarbeiterbeurteilung ermittelt, welche Leistungen der Mitarbeiter innerhalb eines Zeitraums wirklich erbracht hat. Aus den Aufgaben der Stelle und den Anforderungen an den Stelleninhaber ergeben sich die konkreten Leistungsziele (Soll-Leistungen), aus der Mitarbeiterbeurteilung die tatsächlich erbrachten Leistungen (Ist-Leistungen) und aus dem Vergleich von Soll- und Ist-Leistungen das Leistungsbild des Mitarbeiters.

4.22 Methodik

Vor der Darstellung der methodischen Grundlagen für eine Mitarbeiterbeurteilung sei noch einmal auf den Unterschied zwischen der objektiven Arbeits- oder Stellenbewertung (also Bewertung der Anforderungen an den Stelleninhaber) und der subjektiven Leistungsbeurteilung (also Beurteilung der wirklichen Leistungen des Stelleninhabers) hingewiesen.

Zur Mitarbeiterbeurteilung wird eine Reihe von Beurteilungsmerkmalen herangezogen. Wir lehnen uns hier - wie auch bei den Hilfsmitteln zur Mitarbeiterbeurteilung - an die Broschüre "Mitarbeiterbeurteilung für Angestellte", herausgegeben vom Arbeitsring der Arbeitgeberverbände der Deutschen Chemischen Industrie e.V., Wiesbaden, Dr. Curt Haefner Verlag, 69 Heidelberg 1, Postfach 1860, 2. Auflage 1971, an. Bei der Beurteilung ist zu beachten, daß

- die Leistungen der Mitarbeiter anhand von Beurteilungsmerkmalen bei ihrer beruflichen Tätigkeit beurteilt werden

- die Beurteilungsmerkmale sich auf Tätigkeiten und Ergebnisse von Tätigkeiten beziehen

- die Beurteilungsmerkmale wesentliche Aussagen über die Leistungen zu lassen und

- die Anzahl der Beurteilungsmerkmale nicht zu groß ist und die Merkmale klar gegeneinander abgrenzbar sind.

Zur Leistungsbeurteilung von Mitarbeitern im EDV-Bereich werden folgende Beurteilungsmerkmale vorgeschlagen:

A. <u>Leistungsergebnis</u>

1. <u>Leistungsmenge</u>
   feststellbar als in bestimmter Zeit geleistete Arbeitsmenge; benötigte Zeit für ein bestimmtes Arbeitsergebnis; Grad der Ausnutzung der Arbeitszeit; Grad der Stetigkeit der Leistung
2. <u>Leistungsgüte</u>
   feststellbar an Häufigkeit und Ausmaß von Fehlern, Mängeln, Ausschuß, Störungen, Beanstandungen

B. <u>Leistungsverhalten</u>

1. <u>Zusammenarbeit</u>
   (personen- und organisationsbezogenes Verhalten)
   zeigt sich im Unterstützen anderer durch Information, Beratung, Mithilfe; Entgegennehmen von Anregungen, Kritik; Übernehmen neuer Aufgaben; Erbringen brauchbarer Vorschläge; Voranstellen der sachlichen gegenüber den persönlichen

Interessen; sinngemäßen Befolgen von Vorschriften; Einhalten von Vereinbarungen, Terminen, Zusagen, Zeitvorgaben, Kosten, Zuständigkeiten

2. <u>Arbeitsplanung</u>
(sach- und aufgabenbezogenes Verhalten)
zeigt sich im zweckdienlichen Lösen gestellter Aufgaben; Einteilen der eigenen Arbeiten; Aufstellen eines Zeitplanes; Einhalten notwendiger Informationen; Bereitstellen der erforderlichen Arbeitsmittel; Vermeiden von Leerlauf und Doppelarbeiten; Berücksichtigen der Kosten der Planung und Entscheidung

3. <u>Selbständigkeit</u>
(aufgabenbezogenes Verhalten)
zeigt sich im Lösen der eigenen Aufgaben unabhängig von Überwachung und Anleitung durch andere; Suchen neuer Wege; Setzen eigener Ziele.

Für EDV-Führungskräfte werden zusätzlich folgende Beurteilungsmerkmale empfohlen:

C. <u>Mitarbeiterführung</u>

1. <u>Planung und Organisation</u>
zeigt sich im Festlegen von Zielen und Ausarbeiten von Plänen; Ordnen des Zusammenwirkens von Mitteln und Personen; sach- und termingerechten Einsatz von Mitteln und Personen; Regeln der Stellvertretung

2. <u>Delegation</u>
zeigt sich im Übertragen von Aufgaben entsprechend der Verantwortung und Kompetenzen an Mitarbeiter unter Berücksichtigung ihrer Eignung und Leistungsfähigkeit; selbständigen Erledigenlassen übertragener Aufgaben

3. <u>Information und Anleitung</u>
   zeigt sich im zweckmäßigen und rechtzeitigen Informieren, Anleiten und Unterstützen der Mitarbeiter; Weitergeben von Wissen und Erfahrungen; Erläutern betrieblicher und überbetrieblicher Zusammenhänge; Wecken und Einhalten des Interesses der Mitarbeiter für ihre Aufgaben
4. <u>Kontrolle</u>
   zeigt sich im Überwachen des Arbeitsfortschrittes; des Zusammenwirkens der Mitarbeiter; des Einsatzes von Arbeitsmitteln sowie der Entwicklung der Kosten
5. <u>Förderung</u>
   zeigt sich im sorgfältigen Beurteilen der Mitarbeiter und Vorschlagen geeigneter Förderungsmaßnahmen; Anregen der Mitarbeiter zu selbständigem Denken und Handeln; sich Einsetzen für ihre Anliegen.

Nach der Festlegung der Beurteilungsmerkmale ist nach der Bedeutung zu fragen, die den einzelnen Merkmalen bei der Bildung des Gesamturteils über die Leistungen der Mitarbeiter beizumessen ist. Die Höhe einer Bedeutung hängt vor allem davon ab, wie wesentlich sie die Leistung der Mitarbeiter kennzeichnen. Je nach ihrer Bedeutung können die Beurteilungsmerkmale deshalb ein unterschiedliches Gewicht für die einzelnen Mitarbeitergruppen erhalten. So wird beispielsweise das Beurteilungsmerkmal "Selbständigkeit" bei einem EDV-Organisator ein weitaus höheres Gewicht als bei einem Operator haben. Umgekehrt ist die Höhe der "Leistungsmenge" bei einem EDV-Organisator in ihrer Bedeutung geringer anzusetzen als z.B. das Beurteilungsmerkmal "Leistungsgüte". Aus diesem Grunde muß die Gewichtung der Beurteilungsmerkmale für die einzelnen Mitarbeitergruppen verschieden sein. Sie sollte jeweils vom Vorgesetzten vorgenommen werden, der darüber entscheidet, welches Gewicht er diesem oder jenem Beurteilungsmerkmal für eine Mitarbeitergruppe beimißt. Hierbei muß allerdings sichergestellt sein, daß verschiedene Vorgesetzte für gleiche Mitarbeitergruppen nicht unterschiedliche Gewichtungen verteilen.

Als nächster Schritt sind die Beurteilungsstufen festzulegen. Sie müssen so gewählt werden, daß sie klar unterschieden und eindeutig gegeneinander abzugrenzen sind. Um eine Mitteorientierung bei der Beurteilung auszuschließen, empfiehlt es sich, eine gerade Anzahl Stufen zu wählen. Wir empfehlen die 6 folgenden Stufen:

Stufe 1: minimale Erwartungen nicht erfüllt
Stufe 2: erfüllt die minimalen Erwartungen
Stufe 3: erfüllt die Erwartungen nur teilweise
Stufe 4: erfüllt die Erwartungen
Stufe 5: übertrifft die Erwartungen
Stufe 6: übertrifft bei weitem die Erwartungen.

Die Erwartungen, von denen hier die Rede ist, beziehen sich auf die konkreten Aufgaben der Stelle, die der zu beurteilende Mitarbeiter einnimmt. Erfüllt er z.B. die Erwartungen (Beurteilungsstufe 4), so soll damit ausgedrückt werden, daß er eine Leistung erbringt, die erfahrungsgemäß von jedem Mitarbeiter mit hinreichender Eignung nach voller Einarbeitung erreichbar ist. Die Erwartungen dürfen somit nicht auf die persönliche Leistungsfähigkeit des betreffenden Mitarbeiters bezogen werden.

4.23 Hinweise zur Durchführung

Die Mitarbeiterbeurteilung ist Sache des direkten disziplinarischen Vorgesetzten. Sie ist eine wichtige Führungsaufgabe und setzt eine entsprechende Schulung des Vorgesetzten sowie seine Objektivität und Gerechtigkeit voraus. Soweit ein Mitarbeiter (insbesondere EDV-Organisator oder Programmierer) während der Beurteilungsperiode in verschiedenen Projekten eingesetzt war, sollten die betreffenden Projektleiter zur Mitwirkung an der Beurteilung hinzugezogen werden. Der Vorgesetzte hat darauf zu achten, daß die Beurteilung so objektiv und neutral wie irgend möglich durchgeführt wird. Bei der Leistungsbeurteilung hat er die von ihm bei den einzelnen Beurteilungsmerkmalen vergebenen Beurteilungsstufen schriftlich zu begründen. Diese schriftliche Begründung stellt sicher, daß der Vorgesetzte sich selbst darüber im klaren ist, warum er diese und nicht eine andere Beurteilungsstufe gewählt hat. Das hilft ihm auch später beim Beurteilungsgespräch mit dem Mitarbeiter. Auch sei darauf hingewiesen, daß der Vorgesetzte die Beurteilung nicht an den Ergebnissen vorangegangener Beurteilungen ausrichten darf, sondern ausschließlich beurteilen muß, welche Leistungen und welches Leistungsverhalten der Mitarbeiter während des Beurteilungszeitraums erbracht bzw. gezeigt hat. Da sich die Beurteilung eines Mitarbeiters auf die konkreten Aufgaben seiner derzeitigen Stelle bezieht, ist die Hinzuziehung der betreffenden Stellenbeschreibung erforderlich.

4.24 Hilfsmittel

Als Hilfsmittel zur Mitarbeiterbeurteilung wird das 5seitige Formular Mitarbeiterbeurteilung (Formular VI/18) verwendet. Es enthält folgende Angaben:

Seite 1

- Eintragung der Stelle und Funktion, des Namens, der Personalnummer und des Eintrittsdatums

- Hinweis auf die letzte Beurteilung mit Datum und Namen des Vorgesetzten

- Beurteilungsanlaß: Eintritt (Ende der Probezeit), Stellenversetzung oder Funktionsumsetzung, Ausscheiden und Jahreswechsel (für die in der Regel einmal jährlich stattfindende Mitarbeiterbeurteilung)

- Bezeichnung des für die Beurteilung verantwortlichen sowie nächsthöheren Vorgesetzten und

- Durchführung der Beurteilung mit Datum, Namen und Stellenbezeichnung sowie Platz für Wiederholung der Beurteilung bei mangelnder Übereinstimmung zwischen Vorgesetzten und Mitarbeiter.

Seite 2

Aufnahme der Leistungsbeurteilung für Fach- und Führungskräfte mit Eintragung

- der Gewichtung) je Beurteilungsmerkmal
- der Beurteilungsstufe)
- der Begründung für die Verleihung einer bestimmten Beurteilungsstufe und)
- der Gesamtbeurteilung von A und B mit entsprechender Begründung.

Seite 3 (Einlageblatt)

Dieses Blatt nimmt die zusätzliche Beurteilung für Führungskräfte auf, mit entsprechenden Hinweisen wie bei Seite 2.

Seite 4

Dieses Blatt dient der Aufnahme der Gesamtbeurteilung des Mitarbeiters und seiner eigenen Stellungnahme hierzu: Es werden seine Stärken und Schwächen hervorgehoben, seine Eignung für die derzeitige Stelle und Funktion herausgestellt, der Erfolg seiner bisherigen Weiterbildung aufgeführt, seine Eignung für andere Aufgaben einschließlich Führungsaufgaben dokumentiert und der Leistungsverlauf seit der letzten Beurteilung begründet. Anschließend nimmt der Mitarbeiter selbst zu der Beurteilung seines Vorgesetzten Stellung, hebt seine Stärken sowie seine noch ungenutzten Fähigkeiten und Kenntnisse hervor und weist auf seine Wünsche und Erwartungen hinsichtlich seiner weiteren Förderung hin. Ist der Mitarbeiter mit dem Ergebnis seiner Beurteilung nicht einverstanden, sollte zunächst gemeinsam versucht werden, die gegensätzlichen Auffassungen auszuräumen. Gelingt dies nicht, so muß der Mitarbeiter das Recht haben, seinen Einspruch schriftlich beim nächsthöheren Vorgesetzten oder beim Personalleiter einzureichen.

Seite 5

Nach dem Ausfüllen der Leistungsbeurteilung und dem Gespräch mit dem Mitarbeiter empfiehlt der Vorgesetzte abschließend die weiteren Förderungsmaßnahmen. Hierzu gehören:

- die Karriereförderung (Stellenversetzung und/oder Funktionsumsetzung)
- eine mögliche Gehaltserhöhung und
- Maßnahmen für die Weiterbildung des Mitarbeiters.

Im Anschluß daran gibt der nächsthöhere Vorgesetzte seine Stellungnahme zur Beurteilung ab, bevor der Beurteilungsbogen an die Ausbildungsabteilung und an die Personalabteilung (zum Verbleib in den Personalakten) weitergeht.

FUTH	MITARBEITERBEURTEILUNGSBOGEN Vertraulich	erstellt am: 16.12.74 erstellt durch: Nüßen	1/3

I. Deckblatt

Bereich: Servicebereich Abteilung: EDV-Abteilung Gruppe: EDV-Organisation	Stelle: Leiter EDV-Organisation Funktion: Mittlere Führungskraft
Name: Klein, Werner	Personal-Nr.: 02103 Eintrittsdatum: 1.7.70
Letzte Beurteilung am: 15.12.73	durch: H. Neumann, Leiter EDV-Abt.

Beurteilungsanlaß

Ende der Probezeit	○	Ausscheiden	○
Stellenwechsel	○	Jahreswechsel	⊗
Funktionswechsel	○	Sonstiges	○

Für die Beurteilung verantwortlich

Direkter Vorgesetzter: H. Neumann, Leiter EDV-Abt. Nächsthöherer Vorgesetzter: H. Schmidt, Bereichsleiter

Durchführung der Beurteilung

am: 4.12.74	durch: H. Neumann	Stelle: Leiter EDV-Abteilung
am:	durch:	Stelle:
am:	durch:	Stelle:

Formular VI/18

II. Leistungsbeurteilung für Fach- und Führungskräfte

Name: Klein, Werner — Personal-Nr.: 0 2103

Beurteilungsmerkmale	1	2	3	4	5	6	Begründung: (Tatsachen/Ursachen bezogen auf konkrete Aufgaben)
A. Leistungsergebnis 1. LEISTUNGSMENGE ist feststellbar als in bestimmter Zeit geleistete Arbeitsmenge; benötigte Zeit für ein bestimmtes Arbeitsergebnis; Grad der Ausnutzung der Arbeitszeit; Grad der Stetigkeit der Leistung						X	Hervorragender Einsatz; arbeitet zügig und stetig Dieses Beurteilungsmerkmal hat folgende Bedeutung: geringe ○ mittlere ⊗ große ○
2. LEISTUNGSGÜTE ist feststellbar an Häufigkeit und Ausmaß von Fehlern, Mängeln, Ausschuß, Störungen, Beanstandungen						X	Gewissenhafte und schnelle Lösungen Dieses Beurteilungsmerkmal hat folgende Bedeutung: geringe ○ mittlere ○ große ⊗
B. Leistungsverhalten 1. ZUSAMMENARBEIT (personen- und organisationsbezogenes Verhalten) zeigt sich im Unterstützen anderer durch Information, Beratung, Mithilfe; Entgegennehmen von Anregungen, Kritik; Übernehmen neuer Aufgaben; Einbringen brauchbarer Vorschläge; Voranstellen der sachlichen gegenüber den persönlichen Interessen; sinngemäßen Befolgen von Vorschriften; Einhalten von Vereinbarungen, Terminen, Zuständigkeiten					X		Gute und sachliche Zusammenarbeit mit Mitarbeitern und Vorgesetzten, arbeitet konstruktiv mit Dieses Beurteilungsmerkmal hat folgende Bedeutung: geringe ○ mittlere ○ große ⊗
2. ARBEITSPLANUNG (sach- und aufgabenbezogenes Verhalten) zeigt sich im zweckdienlichen Lösen gestellter Aufgaben; Einteilen der eigenen Arbeiten; Aufstellen eines Zeitplanes; Einholten notwendiger Informationen; Bereitstellen der erforderlichen Arbeitsmittel; Vermeiden von Leerlauf und Doppelarbeiten; Berücksichtigen der Kosten bei Planung und Entscheidung						X	Methodische und gute Einteilung der Aufgaben Dieses Beurteilungsmerkmal hat folgende Bedeutung: geringe ○ mittlere ⊗ große ○
3. SELBSTÄNDIGKEIT (aufgabenbezogenes Verhalten) zeigt sich im Lösen der eigenen Aufgaben unabhängig von Überwachung und Anleitung durch andere; Suchen neuer Wege; Setzen eigener Ziele					X		Große Selbständigkeit und Initiative Dieses Beurteilungsmerkmal hat folgende Bedeutung: geringe ○ mittlere ○ große ⊗
Gesamtbeurteilung der Leistung (A und B)						X	Insgesamt sehr gute Leistungen
	1	2	3	4	5	6	

1 = minimale Erwartungen nicht erfüllt	2 = erfüllt die minimalen Erwartungen	3 = erfüllt die Erwartungen nur teilweise
4 = erfüllt die Erwartungen	5 = übertrifft die Erwartungen	6 = übertrifft bei weitem die Erwartungen

III. Leistungsbeurteilung für Führungskräfte (Einlageblatt)								2/3
Name: Klein, Werner							Personal-Nr.: 0 2103	
Beurteilungsmerkmale	1	2	3	4	5	6	**Begründung (Tatsachen/Ursachen bezogen auf konkrete Aufgaben)**	
C. Mitarbeiterführung 1. PLANUNG UND ORGANISATION zeigt sich im Festlegen von Zielen und Ausarbeiten von Plänen; Ordnen des Zusammenwirkens von Mitteln und Personen; sach- und termingerechten Einsatz von Mitteln und Personen; Regeln der Stellvertretung				X			Zweckmäßige Einsatzplanung der Mitarbeiter Dieses Beurteilungsmerkmal hat folgende Bedeutung: geringe ○ mittlere ⊗ große ○	
2. DELEGATION zeigt sich im Übertragen von Aufgaben entsprechender Verantwortung und Kompetenzen an Mitarbeiter unter Berücksichtigung ihrer Eignung und Leistungsfähigkeit; selbständigen Erledigenlassen übertragener Aufgaben				X			Delegiert und läßt seinen Mitarbeitern genügend Spielraum für Eigenverantwortlichkeit Dieses Beurteilungsmerkmal hat folgende Bedeutung: geringe ⊗ mittlere ○ große ○	
3. INFORMATION UND ANLEITUNG zeigt sich im zweckmäßigen und rechtzeitigen Informieren, Anleiten und Unterstützen der Mitarbeiter, Weitergeben von Wissen und Erfahrungen, Erläutern betrieblicher und überbetrieblicher Zusammenhänge; Wecken und Einhalten des Interesses der Mitarbeiter für Ihre Aufgaben					X		Stellt sein Fachwissen seinen Mitarbeitern zur Verfügung und motiviert sie gut Dieses Beurteilungsmerkmal hat folgende Bedeutung: geringe ⊗ mittlere ○ große ○	
4. KONTROLLE zeigt sich im Überwachen des Arbeitsfortschrittes; des Zusammenwirkens der Mitarbeiter; des Einsatzes von Arbeitsmitteln sowie der Entwicklung der Kosten				X			Kontrolle der Mitarbeiter in Einzelfällen nicht ausreichend Dieses Beurteilungsmerkmal hat folgende Bedeutung: geringe ○ mittlere ⊗ große ○	
5. FÖRDERUNG zeigt sich im sorgfältigen Beurteilen der Mitarbeiter und Vorschlagen geeigneter Förderungsmaßnahmen; Anregen der Mitarbeiter zu selbständigem Denken und Handeln; sich Einsetzen für ihre Anliegen.				X			Setzt sich immer für seine Mitarbeiter ein, gibt aber Wünschen manchmal zu schnell nach Dieses Beurteilungsmerkmal hat folgende Bedeutung: geringe ⊗ mittlere ○ große ○	
Gesamtbeurteilung der Personalführung (C)				X			Insgesamt gute Personalführung	
	1	2	3	4	5	6		

1 = minimale Erwartungen nicht erfüllt	2 = erfüllt die minimalen Erwartungen	3 = erfüllt die Erwartungen nur teilweise
4 = erfüllt die Erwartungen	5 = übertrifft die Erwartungen	6 = übertrifft bei weitem die Erwartungen

IV. Gesamtbeurteilung und Stellungnahme des Mitarbeiters 3/3

Name: Klein, Werner Personal-Nr.: 0 2103

Gesamtbeurteilung des Mitarbeiters

1. Stärken des Mitarbeiters
   Belastbarkeit, Einsatzfreudigkeit,
   Persönliche Identifikation mit seinen Aufgaben

2. Schwächen des Mitarbeiters
   neigt manchmal zu pessimistischer Betrachtungsweise
   und hat noch einzelne Führungsschwächen

3. Eignung für derzeitige Stelle und Funktion
   gut

4. Erfolg der bisherigen Aus- und Weiterbildung
   gut

5. Eignung für andere Aufgaben einschl. Führungsaufgaben ja ○ nein ⊗
   Wenn ja, für welche?

6. Leistungsverlauf seit der letzten Beurteilung
   verbessert ○ gleichbleibend ⊗ verschlechtert ○ noch nicht zu beurteilen ○
   Begründung

Stellungnahme des Mitarbeiters

1. Stimmt der Mitarbeiter dem Ergebnis seiner Beurteilung im wesentlichen zu?
   ja
2. Wo sieht er seine Stärken, seine noch ungenutzten Fähigkeiten und Kenntnisse?
3. Welche Wünsche und Erwartungen hat er hinsichtlich seiner weiteren Förderung?
   Weiterbildung in Personalführung

V. Förderungsmaßnahmen und Stellungnahmen

Name: Klein, Werner Personal-Nr.: 02103

Empfehlungen zur weiteren Förderung des Mitarbeiters

1. Stellenwechsel und Funktionswechsel
   nein

2. Gehaltserhöhung/Umstufung
   ab 1.1.75 plus 300,- DM auf 4.200,- DM

3. Ausbildung/Weiterbildung
   in Personalführung

Datum: 10.12.74 Unterschrift: Neumann

Stellungnahme des nächsthöheren Vorgesetzten
einverstanden

Datum: 15.12.74 Unterschrift: Schmidt

Stellungnahme der Ausbildungsabteilung
Weiterbildung eingeplant

Datum: 18.12.74 Unterschrift: Immenhofer

Stellungnahme der Personalabteilung
Gehaltserhöhung veranlaßt

Datum: 21.12.74 Unterschrift: Hausmann

4.3 Karriereförderung

Aus der Beurteilung des Mitarbeiters im Hinblick auf seine tatsächlich erbrachten Leistungen wird seine weitere Förderung abgeleitet. Ein Teil dieser Förderungsmaßnahmen ist die Versetzung (bzw. Vorbereitung dazu) des Mitarbeiters in eine andere Stelle und/oder Umsetzung in eine andere Funktion. Während der Stellenwechsel eine Änderung hinsichtlich der vertikalen EDV-Struktur bedeutet (z.B. vom Operator zum Programmierer oder vom Programmierer zum Systemanalytiker), stellt der Funktionswechsel eine horizontale Änderung dar (z.B. von der Fachkraft zur Senior-Fachkraft oder von der Senior-Fachkraft zur unteren Führungskraft).

Es sei darauf hingewiesen, daß ein Stellen- und/oder Funktionswechsel eine Änderung der Anforderungen an den Stelleninhaber bedeutet und deshalb vor einer Versetzung oder Umsetzung genau geprüft werden muß, ob der betreffende Mitarbeiter den neuen Anforderungen entspricht. Jeder Stellen- und/oder Funktionswechsel eines Mitarbeiters ist auf seiner Personalkarte (Formular VI/15) einzutragen. Für die Planung und Vorbereitung einer Versetzung oder Umsetzung wird das Formular Karriereplan (Formular VI/19) benutzt.

FUTH	KARRIEREPLAN	erstellt am: 12.2.76 erstellt durch: Hilger

Bereich: Servicebereich Abteilung: EDV-Abteilung Gruppe: Programmierung	Name: Stollwerk Stelle: Programmierer Funktion: Senior-Fachkraft
Vorbereitung auf	
Stellenversetzung: Systemanalytiker	Funktionsumsetzung: Fachkraft

Datum	Maßnahme	Ergebnis
bis 30.6.76	Seminar über "Fertigungssteuerung mit EDV"	
bis 30.9.76	Herstellerseminar "Spezielle Modularprogrammierung"	
—	nach jedem Seminar: Kurzreferat vor Kollegen	
bis 30.10.76	Beurteilung der neuen Kenntnisse durch	
	den Leiter der EDV-Abteilung	
ab 1.4.76	Einsatz im Umstellungsteam "Fertigungssteuerung"	
ab 1.7.76	Übernahme eines kleinen Projektes als Projektleiter	
bis 31.12.76	Beurteilung des Einsatzes durch den Leiter	
	der EDV-Abteilung	
1.1.1977	bei Bewährung geplante Übernahme als	
	Systemanalytiker	

Gesamtergebnis:

Formular VI/19

4.4 Gehaltsfindung

Der zweite Punkt der Förderungsmaßnahmen, der sich aus der Mitarbeiterbeurteilung ableitet, ist die "gerechte" Bezahlung des Mitarbeiters. Wie praktische Erfahrungen zeigen, kommt es dem Mitarbeiter im allgemeinen weniger auf eine Spitzenhonorierung an. Er will vielmehr das Gefühl haben, daß die Bewertung und Honorierung seiner Leistungen sowohl markt- als auch unternehmensgerecht erfolgt. "Marktgerecht" bedeutet, daß er seine Bezahlung am Entgelt für vergleichbare Fachkräfte auf dem Arbeitsmarkt mißt; über die im Markt bezahlten EDV-Gehälter erscheinen jährlich eine Reihe von Untersuchungen und Statistiken, die man hierzu heranziehen kann.

Was das "unternehmensgerechte Entgelt" anbetrifft, so sei zunächst einmal angemerkt, daß es nicht Sinn dieses Buches sein kann, detailliert zu den Fragen der Mitarbeiterentlohnung Stellung zu nehmen. Deswegen wollen wir uns lediglich auf zwei Punkte beschränken, die sich u.E. nachteilig auf eine unternehmensgerechte Entlohnung des EDV-Personals auswirken: Zum einen scheint uns, daß in vielen Unternehmen noch immer traditionelle Bewertungskriterien, wie Titel, Alter, Ausbildung, Firmenzugehörigkeit usw., vorherrschen und Erfahrungen, Leistungen, Leistungsverhalten und Verantwortung an zweiter Stelle rangieren. Zum anderen fehlt vielfach neben den beiden Mitarbeitergruppen "Leitende Mitarbeiter" und "Ausführende Mitarbeiter" eine dritte Gruppe "Spezialisten", zu der auch die Fachkräfte der EDV-Abteilung gehören. Es sei nicht verschwiegen, daß eine "gerechte Gehaltsfindung" für den EDV-Bereich zusätzlich dadurch erschwert wird, daß sich EDV-Fachkräfte nur schwer mit Mitarbeitern anderer Stellen und Funktionen im Unternehmen vergleichen lassen.

Bei der Gehaltsfindung für die Mitarbeiter der EDV-Abteilung geht man am besten in drei Schritten vor:

- Schaffung einer Gehaltsstruktur
- Ermittlung der jährlichen Richtgehälter und
- Festlegung der jährlichen Individualgehälter.

Bei der Entwicklung der Gehaltsstruktur werden die Gehaltsfaktoren für die einzelnen Stellen und Funktionen (soweit im Unternehmen vorhanden) ermittelt. Dies geschieht, indem man zunächst der Fachkraft Anwendungsprogrammierer den Basiswert Faktor 1,0 zuordnet. Diese Stelle und Funktion eignet sich deshalb besonders gut als Basiswert, weil der Anwendungsprogrammierer sowohl auf dem Arbeitsmarkt als auch innerhalb der EDV-Abteilung den besten Vergleichswert darstellt. Als nächster Schritt werden jetzt, ausgehend vom Basiswert Anwendungsprogrammierer 1,0, für alle anderen Mitarbeitergruppen die Gehaltsfaktoren abgeleitet. Unterstellen wir einmal, daß der EDV-Leiter das doppelte Gehalt wie eine Fachkraft Anwendungsprogrammierer erhalten soll, so wird ihm der Faktor 2,0 zugeteilt. Entsprechend wird mit allen anderen Mitarbeitergruppen verfahren, wie aus dem Beispiel in Formular VI/20, Gehaltsstruktur, hervorgeht. Die Relation der Faktoren untereinander sollte sich möglichst nur aus den unterschiedlichen Anforderungen an die Stelleninhaber, ausgedrückt durch die Anforderungsbewertungen (AB) des Anforderungsprofils, ergeben, wie im Beispiel des Formulars VI/20 dargestellt. Soweit allerdings Angebot und Nachfrage für EDV-Spezialisten auf dem Arbeitsmarkt nicht ausgeglichen und für einzelne Mitarbeitergruppen vergleichsweise höhere Gehälter zu zahlen sind, wird man zusätzlich auch auf eine "externe Relation" der Gehaltsfaktoren Rücksicht nehmen müssen. Das gleiche gilt, wenn die interne Relation durch einen Tarifvertrag oder ähnliches festgelegt ist. Abschließend sei darauf hingewiesen, daß die Gehaltsstruktur zweckmäßigerweise nur alle 2 bis 3 Jahre überprüft werden sollte. Änderungen in der Relation der Gehaltsfaktoren sollten nur dann vorgenommen werden, wenn sich innerhalb der EDV-Abteilung Anforderungsverschiebungen ergeben bzw. der Arbeitsmarkt eine Relationsänderung unbedingt erfordert.

FUTH	GEHALTSSTRUKTUR	erstellt am: 15. 12. 75
		erstellt durch: [illegible]

Stelle	Hilfskraft		Jun.-Fachkraft		Fachkraft		Sen.-Fachkraft		Unt. Führ.-Kraft		Mittl. Führ.-Kr.		Ob. Führ.-Kraft	
	AB	Faktor	AB	Faktor	AB	Faktor	AB	Faktor	AB	Faktor	AB	Faktor	AB	Faktor
Leiter EDV-Abteilung													50-56	2,0
EDV-Assistent					25-28	1,0								
Leiter EDV-Organisation											40-45	1,6		
Systemplaner			25-28	1,0	30-34	1,2	35-39	1,4						
Systemanalytiker			23-25	0,9	28-31	1,1	33-36	1,3						
Leiter Programmierung											38-42	1,5		
Anwendungsprogrammierer			20-22	0,8	25-28	1,0	30-34	1,2						
Systemprogrammierer			23-25	0,9	28-31	1,1	33-36	1,3						
Leiter Rechenzentrum											38-42	1,5		
Leiter Arbeitsvorbereitung									33-36	1,3				
Arbeitsvorbereiter			20-22	0,8	25-28	1,0	30-34	1,2						
Archivar			15-17	0,6	18-20	0,7	20-22	0,8						
Leiter (in) Datenerfassung									25-28	1,0				
Datatypistin			12-14	0,5	15-17	0,6								
Leiter Maschinenraum									33-36	1,3				
Operator			15-17	0,6	20-22	0,8	25-28	1,0						
Leiter Kontrolle/Abstimmung									28-31	1,1				
Sachbearbeiter Kontr./Abst.			15-17	0,6	18-20	0,7	20-22	0,8						
Hilfskraft Schneidemaschine	12-14	0,5												

Formular VI/20

Bei der nun (üblicherweise jährlich einmal) durchgeführten Überprüfung und Neufestsetzung der Gehälter wird lediglich ein neues Richtgehalt für die Fachkraft Anwendungsprogrammierer festgelegt. Alle anderen Richtgehälter werden dann im Verhältnis der Faktoren errechnet. Für die Methodik ist es unbedeutend, woraufhin (Tarifvertrag, Unternehmenstarif, Marktanpassung u.a.) die Änderung erfolgt und wie hoch das Richtgehalt für den Anwendungsprogrammierer ist. Um einen leistungsbezogenen Gehaltsvergleich zu ermöglichen, sollten die Richtgehälter keine Sozial- oder Familienlohnzuschläge enthalten. Für die Dokumentation der Richtgehälter wird das Formular VI/21, Richtgehälter, benutzt. Hierbei sei darauf hingewiesen, daß die Darstellung der Gehälter nur ein Beispiel ist und keinen Anspruch auf Realität erhebt.

Als letzter Schritt werden die individuellen Gehälter für alle Mitarbeiter festgesetzt. Das individuelle Gehalt ergibt sich aus dem Richtgehalt für die betreffende Stelle und Funktion (mit Begrenzung nach unten und oben). Im allgemeinen genügt es, wenn die Schwankungsbreite der Individualgehälter ± 10 % der Richtgehälter beträgt. Dieser Satz reicht in der Regel als Leistungsanreiz aus, jedoch kann er auch unterschiedlich für die einzelnen Gruppen (z.B. von ± 5 bis ± 20 %) festgelegt werden. Die Höhe der Abweichung vom Richtgehalt sollte allein (wenn man von Sozialzuschlägen für Alter, Anzahl der Kinder, Dauer der Firmenzugehörigkeit usw. absieht) durch das Ergebnis der letzten Mitarbeiterbeurteilung bestimmt sein.

FUTH	RICHTGEHÄLTER	erstellt am: 22.12.75 erstellt durch: [illegible]
Bereich: Servicebereich Abteilung: EDV-Abteilung	Jahr: 1976 Bemerkungen: Basisgehalt 2.600,- DM Individualgehälter ±10%	

Stelle	Funktion	Faktor	Untere Grenze DM	mtl. Richtgehalt DM	Obere Grenze DM
Leiter EDV-Abteilung	Obere Führungskraft	2,0	4.680	5.200	5.720
EDV-Assistent	Fachkraft	1,0	2.340	2.600	2.860
Leiter EDV-Organisation	Mittlere Führungskraft	1,6	3.744	4.160	4.576
Systemplaner	Junior-Fachkraft	1,0	2.340	2.600	2.860
"	Fachkraft	1,2	2.808	3.120	3.432
"	Senior-Fachkraft	1,4	3.276	3.640	4.004
Systemanalytiker	Junior-Fachkraft	0,9	2.106	2.340	2.574
"	Fachkraft	1,1	2.574	2.860	3.146
"	Senior-Fachkraft	1,3	3.042	3.380	3.718
Leiter Programmierung	Mittlere Führungskraft	1,5	3.510	3.900	4.290
Anwendungsprogramm.	Junior-Fachkraft	0,8	1.872	2.080	2.288
"	Fachkraft	1,0	2.340	2.600	2.860
"	Senior-Fachkraft	1,2	2.808	3.120	3.432
Systemprogrammierer	Junior-Fachkraft	0,9	2.106	2.340	2.574
	Fachkraft	1,1	2.574	2.860	3.146
"	Senior-Fachkraft	1,3	3.042	3.380	3.718
Leiter Rechenzentrum	Mittlere Führungskraft	1,5	3.510	3.900	4.290
Leiter Arbeitsvorbereitung	Untere Führungskraft	1,3	3.042	3.380	3.718
Arbeitsvorbereiter	Junior-Fachkraft	0,8	1.872	2.080	2.288
"	Fachkraft	1,0	2.340	2.600	2.860
"	Senior-Fachkraft	1,2	2.808	3.120	3.432
Archivar	Junior-Fachkraft	0,6	1.404	1.560	1.716
"	Fachkraft	0,7	1.638	1.820	2.002
"	Senior-Fachkraft	0,8	1.872	2.080	2.288
Leiter(in) Datenerfassung	Untere Führungskraft	1,0	2.340	2.600	2.860
Datatypistin	Junior-Fachkraft	0,5	1.170	1.300	1.430
"	Fachkraft	0,6	1.404	1.560	1.716
Leiter Maschinenraum	Untere Führungskraft	1,3	3.042	3.380	3.718
Operator	Junior-Fachkraft	0,6	1.404	1.560	1.716
"	Fachkraft	0,8	1.872	2.080	2.288
"	Senior-Fachkraft	1,0	2.340	2.600	2.860
Leiter Kontr./Abstimmung	Untere Führungskraft	1,1	2.574	2.860	3.146
Sachbearbeiter	Junior-Fachkraft	0,6	1.404	1.560	1.716
"	Fachkraft	0,7	1.638	1.820	2.002
"	Senior-Fachkraft	0,8	1.872	2.080	2.288
Hilfskraft Schneidemasch.	Hilfskraft	0,5	1.170	1.300	1.430

Formular VI/21

4.5 Weiterbildung

4.51 Zielsetzung

Es liegt in der Natur der Sache, daß die Mitarbeiter der EDV-Abteilung gründliche Kenntnisse in den Grundlagen der EDV (Hardware, Software und Orgware) als auch auf ihrem Spezialgebiet (EDV-Organisation, Programmierung, Operating usw.) besitzen müssen. Der Einsatz neuer Hardware- und Softwaretechniken (Datenfernverarbeitung, Multiprogramming, Datenbanksysteme usw.), aber auch die Übernahme höherer EDV-Stufen (Dispositions-, Planungs-, Informations- und Gestaltungssysteme) machen eine solide Ausbildung der EDV-Kräfte zur Voraussetzung. Doch nicht minder wichtig als eine gute Ausbildung ist die ständige Weiterbildung der Fach- und Führungskräfte in der EDV-Abteilung. Sie ist nicht nur wichtig, um die Eignungen und Fähigkeiten den notwendigen Anforderungen anzupassen, sondern ebenso erforderlich, um mit den technischen und anwendungsbezogenen Weiterentwicklungen Schritt zu halten.

Die Teilnahme an Weiterbildungsseminaren, der zwischenbetriebliche Erfahrungsaustausch und die Anschaffung von Fachliteratur und -zeitschriften muß deshalb ein klares Ziel zur Weiterbildungspolitik sein, damit sich die EDV-Kräfte nicht zu einseitigen Spezialisten entwickeln und sich laufend dem technischen Fortschritt anpassen können. Darüber hinaus dient die betriebliche Weiterbildung der Erhöhung der Leistungsfähigkeit und der Förderung des Leistungswillens der Mitarbeiter. Während die Erhöhung der Leistungsfähigkeit die Vermittlung von Kenntnissen und Fähigkeiten bedeutet, die der Mitarbeiter zur Erfüllung seiner Aufgaben benötigt, soll die Förderung des Leistungswillens es dem Mitarbeiter ermöglichen, neue und größere Aufgaben zu übernehmen. Deshalb muß sich die betriebliche Weiterbildung vor allem an den zukünftigen Aufgaben orientieren und hierbei Vorbildung und Fähigkeiten der Mitarbeiter berücksichtigen. Die betriebliche Weiterbildung ist ein Teil der Personalpolitik und darf sich nicht in der Erfüllung von Aus- und Weiterbildungsbudgets erschöpfen.

Eine zielorientierte, systematisch durchgeführte Weiterbildung sollte folgende Punkte umfassen:

- <u>Ermittlung des Gesamtbedarfs an Weiterbildung</u>
  (mit Hilfe des Formulars VI/22 Weiterbildung - Gesamtbedarf)

- <u>Ermittlung des Einzelbedarfs und Planung der Weiterbildung</u>
  (mit Hilfe des Formulars VI/23 Weiterbildung - Einzelbedarf und Planung) und

- <u>Kontrolle der Weiterbildung</u>
  (mit Hilfe des Formulars VI/24 Weiterbildung - Kontrolle).

4.52 Ermittlung des Gesamtbedarfs

Bei der Ermittlung des Gesamtbedarfs an Weiterbildung geht man zunächst von den Zielgruppen aus, für die eine EDV-Weiterbildung in Betracht kommt. Es sind dies die beiden Hauptgruppen:

- <u>EDV-Abteilung</u>
  (Weiterbildung aller EDV-Führungs- und -fachkräfte) und

- <u>Sonstige</u>
  (Mitglieder der Unternehmensführung, Führungskräfte der Fachabteilungen, EDV-Kontaktleute in den Fachabteilungen, Mitarbeiter der Fachabteilungen sowie Mitarbeiter der Betriebsorganisation und Revisionsabteilung).

FUTH	WEITERBILDUNG GESAMTBEDARF			erstellt am: 4. 12. 75	
				erstellt durch: [illegible]	

Zielgruppe	Lernziel	Lerninhalt	Lernort	Lernumfang Tage p.a.	Lehrmethode
Unternehmensführung	EDV-Kontrolle	EDV-Grundkenntnisse	extern	3-5	Seminare
Führungskräfte Fachabt.	EDV-Zielsetzung	EDV-Grundkenntnisse	intern	3-5	Seminare
Kontaktleute Fachabt.	EDV-Mitwirkung	EDV-Umstellungen	intern/extern	5-10	Seminare
Mitarbeiter Fachabt.	EDV-Handhabung	EDV-Grundkenntnisse	intern	3-5	Seminare
Betriebsorganisation	EDV-Mitwirkung	EDV-Grundkenntnisse	intern	3-5	Seminare
Revisionsabteilung	EDV-Mitwirkung	EDV-Grundkenntnisse	intern	3-5	Seminare
EDV-Leiter	Personalführung	EDV-Personalführung	extern	3-5	Seminare
EDV-Führungskräfte	Rationalisierung	Methodik	extern	5-10	Seminare
Systemplaner	Systementwicklung	Method. Techniken	extern	5-10	Seminare
Systemanalytiker	Systemanalyse	Method. Techniken	extern	5-10	Seminare
Anwend.-Programmier.	Anwendungsprogrammierung	Multiprogramming	extern	5-10	Seminare
Systemprogrammierer	Systemprogrammierung	Datenbanktechnik	extern	5-10	Seminare
Arbeitsvorbereiter	Arbeitsvorbereitung	Method. Techniken	extern	3-5	Seminare
Datatypistinnen	Direkterfassung	Direkterfassungsmethod.	extern	3-5	Übungen
Operateure	Multiprocessing	Bedienung	extern	3-5	Übungen
Sachbearbeiter	Kontrolle	Method. Techniken	extern	3-5	Seminare

Formular VI/22

Naturgemäß sind die Lernziele der beiden Hauptgruppen voneinander sehr verschieden. Während es bei den EDV-Kräften hauptsächlich auf die fachliche Weiterbildung ankommt, um gegenwärtige und künftige Aufgaben möglichst gut erfüllen zu können, dient die Weiterbildung der zweiten Gruppe dazu, die Führungskräfte und Mitarbeiter des Unternehmens außerhalb der EDV-Abteilung über die Möglichkeiten und Grenzen der EDV zu informieren, für die Mitwirkung bei EDV-Umstellungen zu schulen und in der Handhabung umgestellter EDV-Systeme zu unterrichten.

Auf die unterschiedlichen Lernziele der Gruppen sind die Lerninhalte abgestellt. Hierbei kommt es vor allem darauf an, die Lernziele so festzulegen, daß sie auf die einzelnen Zielgruppen abgestimmt sind (weswegen die Zielgruppen getrennt geschult werden sollten), und sie zum anderen so zu gestalten, daß die Schulung praktikable Anwendungen vermittelt. Sogenannte "EDV-Einführungen" bieten nicht das Rüstzeug, das die Führungskräfte für eine Überwachung und Kontrolle der EDV-Abteilung und die Mitarbeiter der Fachabteilungen für eine Mitwirkung bei der Umstellung und zur Handhabung der EDV-Systeme benötigen.

Die Frage nach einer firmeninternen oder externen Weiterbildung läßt sich kaum generell beantworten. Sofern in Unternehmen ein größerer, permanenter Bedarf für eine EDV-Weiterbildung besteht, sollte man dem "In-House-Training" aus wirtschaftlichen und Effizienzgründen den Vorzug geben, ganz gleich, ob man die firmeninterne Weiterbildung mit eigenen oder fremden Lehrkräften betreibt. Ein firmeneigenes Training hat den Vorteil, daß man die Größe und Zusammensetzung des Teilnehmerkreises, die Auswahl der Referenten und den Inhalt und die Gestaltung der Seminare beeinflussen kann. Da keine Reisezeiten und -kosten für die Teilnehmer entstehen, ist die firmeneigene Weiterbildung in größeren Firmen auch meist kosten- und zeitgünstiger. Nachteilig wirkt sich dagegen (und das kann bei speziellen Fachseminaren von großer Bedeutung sein) der fehlende Kontakt zu Seminarteilnehmern aus anderen Unternehmen aus.

Der Umfang der jährlichen Weiterbildung hängt einmal vom Nachholbedarf an Weiterbildung und zum anderen von den künftigen Aufgaben ab. Im allgemeinen kann man davon ausgehen, daß ein permanenter EDV-Weiterbildungsbedarf von durchschnittlich

- 3 - 5 Tagen p.a. für alle Gruppen, die nur mittelbar mit der EDV zu tun haben (Führungskräfte, Mitarbeiter von Fachabteilungen und Revisionsabteilung) und

- 5 - 10 Tagen p.a. für die Mitarbeiter der EDV-Abteilung, der Betriebsorganisation und der EDV-Kontaktleute in den Fachabteilungen

besteht. Der genannte Weiterbildungsbedarf für die einzelnen Gruppen dürfte jedoch eher an der unteren Grenze liegen als zu hoch angesetzt sein.

Die Maßnahmen zur Deckung des Weiterbildungsbedarfs (d.h. die Lehrmethoden im weitesten Sinne) umfassen:

- <u>Seminare, firmenintern oder extern</u>
  (für den Großteil der Weiterbildung am meisten bewährt, jedoch mit Fallbeispielen, Übungen, Dokumentation und modernen Hilfsmitteln)

- <u>Selbststudium</u>
  (durch Fachbücher und -zeitschriften, Fernlehrgänge, programmierte Unterweisungen, in Arbeitsgemeinschaften, durch Tonbildschauen und Video-Kassetten) und

- <u>Erfahrungsaustausch</u>
  (Fachgespräch mit anderen Anwendern, mit Herstellern oder innerhalb von Interessentengruppen oder Verbänden).

4.53 Ermittlung des Einzelbedarfs und Planung der Weiterbildung

Die Ermittlung des Einzelbedarfs und die Planung der Weiterbildung erfolgen mit Hilfe des Formulars VI/23. Das Formular enthält neben den personenbezogenen Eintragungen die Nummer und Bezeichnung des Weiterbildungsbedarfs sowie weitere Einzelangaben, wie

- <u>die Gewichtung (GEW.) in %</u>
  (der einzelne Bedarf ist miteinander zu vergleichen und im Hinblick auf Zielerreichung und Aufgabenerfüllung zu gewichten. In unserem Beispiel bekommt die "Methodische Systementwicklung" ein höheres Gewicht als beispielsweise die "Datenbankorganisation"; die Summe aller Gewichte muß 100 % ergeben)

- <u>den Erfüllungsgrad (ERF.) in %</u>
  (der Erfüllungsgrad bezeichnet den prozentualen Anteil je Einzelbedarf, den der Mitarbeiter erfüllt; so bedeutet beispielsweise 50 in Zeile 03, daß der Mitarbeiter 50 % der Kenntnisse für eine methodische Systementwicklung besitzt)

- <u>den Bedarf (BED.) in %</u>
  (aus der Differenz von Erfüllungsgrad und 100 % ergibt sich der prozentuale Weiterbildungsbedarf; in unserem Beispiel bedeutet dies in Zeile 01, daß keine Kenntnisse der Datenbankorganisation vorhanden sind und deshalb ein 100 %iger Weiterbildungsbedarf auf diesem Gebiet besteht) und

- <u>die Priorität (PRIOR.)</u>
  (die Priorität nennt die Dringlichkeit in der Deckung des Weiterbildungsbedarfs; sie hängt im Regelfall von der Reihenfolge der anstehenden Aufgaben und dem Nachholbedarf des betreffenden Mitarbeiters ab).

Die rechte Hälfte des Formulars nimmt dann jeweils die Daten der Seminarplanung auf.

4.54 Lernerfolgskontrolle

Von erheblicher Bedeutung für eine zielorientierte Weiterbildungspolitik ist die Kontrolle der Weiterbildung. Der Erfolg einer Weiterbildung läßt sich aber nur dann messen, wenn zuvor klare Lernziele definiert wurden. Eine nutzbringende Weiterbildungskontrolle sollte in zwei Stufen durchgeführt werden, und zwar

- nach Abschluß der Weiterbildung und

- bei der nächsten Mitarbeiterbeurteilung.

Die Beurteilung und Kontrolle nach Abschluß der Weiterbildung erfolgt mit Hilfe des Formulars VI/24, Weiterbildung - Kontrolle, das neben den personen- und seminarbezogenen Daten die Seminarbeurteilung, die unmittelbare Lernerfolgskontrolle und die Kostenkontrolle aufnimmt. Diese Kontrolle wird dann durch mittel- und langfristige Lernerfolgskontrollen ergänzt. Wie oben angeführt, eignen sich hierzu am besten die periodisch oder bei Versetzungen und Umsetzungen stattfindenden Mitarbeiterbeurteilungen.

FUTH	WEITERBILDUNG EINZELBEDARF UND PLANUNG	erstellt am: 12.12.75 erstellt durch: Neumann

Bereich: Servicebereich	Stelle: Systemanalytiker
Abteilung: EDV-Abteilung	Funktion: Fachkraft
Gruppe: EDV-Organisation	Lernziel: Senior-Fachkraft
Name: Schmidt	Lernumfang: 10 Tage p.a.

Bedarf						Planung				
Lfd. Nr	Bezeichnung	GEW	ERF.	BED.	PRIO	Datum	Seminar	Tage	Institut	Ort
01	Datenbankorganisation	20	–	100	1	9.-11.6.76	Datenbanken	3	IBM	Köln
02	Strukturierte Programmierung	10	20	80	3	22.-26.9.76	Strukt. Programmierung	5	EDV-Akademie	Tübingen
03	Methodische Systementwicklung	40	50	50	2	6.-9.8.76	METHODOS II	3	Futh	Düss.
04	Projektleiter-Schulung	20	30	70	5					
05	Programm-Zeitschätzungen	10	80	20	4					

Formular VI/23

FUTH	WEITERBILDUNG KONTROLLE	erstellt am: 12.6.76
		erstellt durch: Schmidt

Bereich:	Servicebereich	Seminar:	Datenbankorganisation
Abteilung:	EDV-Abteilung	Datum:	9.-11.6.76
Gruppe:	EDV-Organisation	Anzahl Tage:	3
Name:	Schmidt	Institut:	IBM
Stelle:	Systemanalytiker	Ort:	Köln
Funktion:	Fachkraft	Seminarleiter:	Huber

Seminarbeurteilung

Merkmal	Note	Erläuterungen
Seminaraufbau	4	teilweise unlogisch
Seminarinhalt	3	z.T. verbesserungsbedürftig
Beispiele	2	gut und anschaulich
Diskussion	3	nicht straff genug
Teilnehmerkreis	3	gemischt
Unterlagen	2	gut gestaltet
Referent	3	mittelprächtig
Zeitlicher Ablauf	4	viel zu wenig Zeit
Organisation und Betreuung	2	ohne Beanstandung
Gesamt	3	

Lernerfolgskontrolle

Frage	Antwort
Wurden die Lernziele erreicht?	ja, zum größten Teil
Wurde Ihr Weiterbildungsbedarf gedeckt?	nicht ganz
Bringt das Seminar für Sie Leistungsverbesserungen?	ja, unbedingt
Bringt das Seminar weitere Leistungsverbesserungen?	ja, auch für meine Kollegen
Was sollte sofort verwirklicht werden?	Einführung einer Datenbank
Was halten Sie nicht für durchführbar?	einige aufgezeigte Techniken
Gibt es Gründe gegen eine Verwirklichung v. Verbesserg.?	nein
Können Sie Ihre Aufgaben jetzt voll erfüllen?	ja, was Datenbanken anbetrifft
Hat das Seminar Ihnen für künftige Aufgaben geholfen?	ja, unbedingt
Können Sie das Seminar weiter empfehlen?	ja

Kostenkontrolle

Seminargebühren	750,-	Kosten je Seminartag: 390,- DM
Fahrtkosten	180,-	Nutzenbeurteilung:
Übernachtungskosten	150,-	insgesamt lohnend
Verpflegungskosten	90,-	
Summe	1.170,-	

Formular VI/24

Anhang

Begriffserklärung

Ablauforganisation	Regelung von EDV-Arbeitsabläufen durch Aufträge, Arbeitsanweisungen und Dokumentation
Ablaufvorbereiter	Mitarbeiter der Arbeitsvorbereitung, der die Maschinendurchläufe vorbereitet, d.h. Arbeitsunterlagen und -hilfsmittel für die Maschinendurchläufe bereitstellt
Anforderungsbewertung	Bewertung der Bedeutung, die die einzelnen Anforderungsmerkmale im Anforderungsprofil besitzen
Anforderungsmerkmal	Bezeichnung einer Anforderung im Anforderungsprofil, unterteilt nach Schul- und Ausbildung, Berufserfahrung und persönliche Anforderungen
Anforderungsprofil	Dokumentation der Anforderungen an einen Stelleninhaber, unterteilt nach Schul- und Ausbildung, Berufserfahrung und persönliche Anforderungen, und mit Bewertung der einzelnen Anforderungsmerkmale hinsichtlich ihrer Bedeutung

Anwendungsprogrammierer	im Gegensatz zum Systemprogrammierer eine Fachkraft, die Programme für bestimmte Anwendungen erstellt oder ändert
Anwendungssoftware	Summe aller Programme für bestimmte sachbezogene Anwendungen
Arbeitsanweisung	Organisationsmittel für die Durchführung einer bestimmten Arbeit
Arbeitsauftrag	hier: Auftrag an einen Projektmitarbeiter, meist auf eine einzelne Projektstufe bezogen, für die Durchführung einer bestimmten Arbeit
Arbeitsauftragssteuerung	Planung, Überwachung und Kontrolle von Arbeitsaufträgen
Arbeitsbericht	wöchentlicher Bericht eines Projektmitarbeiters zur Dokumentation der Ist-Daten, bezogen auf einen Arbeitsauftrag
Arbeitsdauer	Kennzeichnung einer Teilaufgabe nach der Länge einer Arbeit
Arbeitshäufigkeit	Kennzeichnung einer Teilaufgabe nach der Häufigkeit der Wiederholung einer Arbeit
Arbeitskontrolle	Kontrolle einer vorgegebenen Arbeit, bezogen auf die Vorgabe im Arbeitsauftrag

Arbeitsmittel	Kennzeichnung einer Teilaufgabe nach dem Hilfsmittel, mit dem eine Arbeit durchgeführt wird
Arbeitsobjekt	Kennzeichnung einer Teilaufgabe danach, woran eine Arbeit durchgeführt wird
Arbeitsort	Kennzeichnung einer Teilaufgabe nach dem Ort einer Arbeitsdurchführung
Arbeitsplaner	Mitarbeiter der Arbeitsvorbereitung für die Planung der Arbeitsabläufe im Rechenzentrum, insbesondere für die Maschinenauslastungs- und -belegungsplanung
Arbeitsplanung	Planung einer Arbeit mit Dokumentation im Arbeitsauftrag; außerdem Tätigkeit des Arbeitsplaners in der Arbeitsvorbereitung
Arbeitstechnik	Kennzeichnung einer Teilaufgabe nach der Art einer Arbeitsdurchführung
arbeitsteilige Einheit	Zusammenfassung von Teilaufgaben zu Aufgabenkomplexen, wobei ein Aufgabenkomplex nach Umfang, Größe und Gleichartigkeit von einem Stelleninhaber durchgeführt werden kann
Arbeitsträger	Kennzeichnung einer Teilaufgabe nach der Person, die eine Arbeit durchführt

Arbeitsüberwachung	neben Arbeitsplanung und Arbeitskontrolle die dritte Stufe der Arbeitsauftragsteuerung, bei der die Arbeit während der Durchführung laufend überwacht wird
Arbeitsverrichtung	Kennzeichnung einer Teilaufgabe nach der Frage, welche Arbeit durchgeführt wird
Arbeitszeitpunkt	Kennzeichnung einer Teilaufgabe nach den Merkmalen, wann und in welcher Reihenfolge eine Arbeit durchgeführt wird
Aufbauorganisation	Organisation der EDV-Abteilung mit Aufgabengliederung und Stellenbildung, Einordnung der EDV-Abteilung, Gliederung der EDV-Abteilung sowie Stellenbeschreibungen und Anforderungsprofilen
Aufgabenanalyse	erste Stufe der Aufgabengliederung mit Zerlegung und Beurteilung der einzelnen Teilaufgaben
Aufgabenbereich	siehe Aufgabenkomplex
Aufgabengliederung	Zerlegung der EDV-Gesamtaufgabe in Teilaufgaben und Zusammenfassung zu Aufgabenkomplexen (arbeitsteilige Einheiten)
Aufgabenkomplex	Summe von Teilaufgaben bestimmter Art und Menge, die ein Stelleninhaber erfüllen soll

Aufgabensynthese	Ausdruck für die Zusammenfassung von Teilaufgaben zu Aufgabenkomplexen
Aufgabenträger	anderer Ausdruck für Stelleninhaber
Auftrag	zeitlich und sachlich begrenzter Auftrag an einen Mitarbeiter zur Durchführung einer bestimmten Arbeit
Ausführungsaufgaben	im Gegensatz zu Leitungsaufgaben handelt es sich hierbei um Aufgaben, die eine Fachkraft oder Hilfskraft ausführt
Bediener	siehe Operator
Betriebsorganisation	Bezeichnung der Stelle im Unternehmen, die für die Aufbauorganisation und die Ablauforganisation (mit Ausnahme der EDV-Abläufe) verantwortlich ist
Beurteilungsmerkmal	Merkmal der Mitarbeiterbeurteilung, unterteilt nach Leistung und Leistungsverhalten
Beurteilungsstufe	Beurteilung der Leistungen eines Mitarbeiters bei der Mitarbeiterbeurteilung, bewertet nach Beurteilungsstufen (von "minimale Erwartungen nicht erfüllt" bis "übertrifft bei weitem die Erwartungen")
Bewerbungsbogen	Hilfsmittel bei der persönlichen Vorstellung eines Bewerbers

Computer der mittleren Datentechnik	auch als Magnetkonten-Computer und Kleincomputer bezeichnet
Datatypistin	Bezeichnung einer Arbeitskraft, die Daten von Erfassungsbelegen in Datenträger überträgt (bzw. die übertragenen Daten prüft) oder Daten direkt in eine EDV-Anlage eingibt
Dateiaufbau	Dokumentation der einzelnen Merkmale einer Datei nach Art des Datenträgers, Größe der Datei, Art der Datei sowie Reorganisations- und Sicherungsmerkmalen
Datenbanksystem	Softwaresystem für die Führung und Verwaltung von Datenbanken
Datenerfassung	Bezeichnung der Stelle innerhalb des Rechenzentrums, die die Daten in Datenträger überträgt
Datenfernverarbeitung	Verfahrenstechnik der Datenverarbeitung, bei der die Daten über Telefon- oder Fernschreibleitung in die EDV-Anlage übertragen und sofort verarbeitet werden
Datensicherungsingenieur	Fachkraft in der EDV-Abteilung, die für alle Datenschutz- und Datensicherungsmaßnahmen verantwortlich ist
DB-Verwalter	Datenbankverwalter, zuständig und verantwortlich für den Aufbau, die Führung und Verwaltung von Datenbanken

Delegationsprinzip	Führungsgrundsatz, nach dem alle Arbeiten, die nicht der Führungskraft selbst vorbehalten sind, an unterstellte Mitarbeiter delegiert werden
Detailorganisation	Projektstufe, in der eine Konzeption in organisatorische Einzelheiten (Datenerfassungsbelege, Datensatzaufbau, Dateiaufbau, Listbilder, Verarbeitungsregeln) aufgegliedert wird
Dispositionsaufgaben	EDV-Stufe, mit Schwergewicht auf der Lösung von Aufgaben dispositioneller Art, wie z.B. Materialdisposition
Dokumentation	Darstellung eines Arbeitsablaufs sowie seiner Einzelheiten in schaubildlicher und verbaler Form
EDV-Abteilung	Teil der Unternehmensorganisation, in dem sämtliche EDV-Aktivitäten zusammengefaßt sind, üblicherweise unterteilt in EDV-Organisation, Programmierung und Rechenzentrum
EDV-Analyse	neben EDV-Antragstellung und EDV-Auftragserteilung das dritte Teilgebiet der Voruntersuchung; sie geht der eigentlichen Projektsteuerung und Projektabwicklung voraus
EDV-Antrag	erste Stufe der Voruntersuchung, in der ein Antrag, üblicherweise von einer Fachabteilung, auf Um-

	stellung oder Änderung eines Arbeitsgebietes gestellt wird
EDV-Aufgabenkomplex	zusammengefaßte Teilaufgaben einer arbeitsteiligen Einheit (Stelle) zu einem Aufgabenkomplex, z.B. Problemanalyse, Systementwicklung, Detailorganisation, Programmierung, Systemeinführung
EDV-Auftrag	letzte Stufe der Voruntersuchung, bei der, nach Abschluß der EDV-Analyse, ein Auftrag zur Umstellung eines bestimmten Arbeitsgebietes an die EDV-Abteilung erteilt wird
EDV-Auftragssteuerung	Planung, Überwachung und Kontrolle eines Umstellungsauftrages, den die Fachabteilung der EDV-Abteilung erteilt hat
EDV-Ausschuß	Ausschuß, der sich aus Mitgliedern der Fachabteilung, der Betriebsorganisation und der EDV-Abteilung zusammensetzt, und der für die Koordnination und andere übergeordnete EDV-Aktivitäten zuständig ist
EDV-Bereich	anderer Ausdruck für EDV-Abteilung, insbesondere in größeren Unternehmen
EDV-Gesamtaufgabe	Gesamtaufgabe der EDV-Abteilung ist die Projektsteuerung, die Projektrealisierung und die Änderung umgestellter Projekte sowie die gesamte RZ-Abwicklung

EDV-Gesamtkonzept	siehe EDV-Gesamtprojekt
EDV-Gesamtprojekt	im Gegensatz zu EDV-Teilprojekten die aufgaben-, personal- und maschinenbezogene Gesamtplanung einer EDV-Abteilung
EDV-Grundausbildung	der Erwerb von EDV-Grundkenntnissen in den Bereichen Hardware, Software und Orgware
EDV-Grunderfahrung	EDV-Erfahrungen in den Bereichen Hardware, Software und Orgware
EDV-Kontaktleute	Mitarbeiter einer Fachabteilung, die aktiv innerhalb einer Projektgruppe an der Umstellung mitarbeiten und nach der Umstellung den EDV-Arbeitsablauf innerhalb der Fachabteilung betreuen
EDV-Koordinationsstelle	siehe EDV-Ausschuß
EDV-Organisation	Teil der EDV-Abteilung, in der die organisatorischen Aufgaben (Problemanalyse, Systementwicklung, Detailorganisation und Systemeinführung) bei der Umstellung eines Arbeitsgebietes durchgeführt werden
EDV-Organisator	Mitarbeiter der EDV-Organisation; in manchen Unternehmen noch nach Systemplaner und Systemanalytiker unterschieden
EDV-Personalmanagement	Summe aller Aktivitäten der Mitarbeiterführung im EDV-Bereich

EDV-Personalplanung	Planung des Bedarfs, der Beschaffung und des Einsatzes von EDV-Personal
EDV-Personalorganisation	Aktivitäten der Aufbau- und Ablauforganisation im EDV-Bereich
EDV-Projektsteuerung	Planung, Überwachung und Kontrolle von Projekten und Arbeiten im EDV-Bereich
EDV-Spezialausbildung	Ausbildung auf Spezialgebieten der EDV, z.B. Datenfernübertragung, Datenbanken, Dialogsysteme u.a.
EDV-Spezialerfahrung	Erfahrungen in Spezialgebieten der EDV, siehe EDV-Spezialausbildung
EDV-Stufe	Bezeichnung des Qualitätsgrades eines umgestellten Arbeitsgebietes, unterteilt nach Routine- und einfache Abrechnungsaufgaben, Dispositionsaufgaben, Planungs- und Informationssysteme sowie Gestaltungsaufgaben
EDV-Teilaufgabe	Aufgabe, die zu einem Aufgabenkomplex gehört; z.B. Aufteilung des Aufgabenkomplexes Programmierung in die EDV-Teilaufgaben Analyse der Programmvorgabe, Ausarbeitung des Programmablaufplans, Codierung, Programmtest und Dokumentation
EDV-Teilprojekte	im Gegensatz zum EDV-Gesamtprojekt beziehen sich EDV-Teilprojekte auf die Umstellung einzelner Arbeitsgebiete

Einordnung der EDV-Abteilung	Bezeichnung für die Unterstellung der EDV-Abteilung innerhalb der Unternehmensorganisation
Einsatzplan Personal	Hilfsmittel für die Planung des Personaleinsatzes in der EDV-Abteilung
Fachkraft	Bezeichnung für einen Mitarbeiter in der EDV-Abteilung (EDV-Organisator, Programmierer, Operator u. a.), der weder zu den Führungskräften noch zu den Hilfskräften gehört
Führungskraft	Bezeichnung für einen Mitarbeiter der EDV-Abteilung in einer Leitungsfunktion (EDV-Leiter, Leiter der EDV-Organisation, Leiter der Programmierung u.a.)
Funktion	hier: Bezeichnung für den Qualifikationsgrad eines Mitarbeiters, z.B. bei den Fachkräften unterteilt nach Junior-Fachkraft, Fachkraft und Senior-Fachkraft
Funktionenprinzip	Stellenbildung nach unterschiedlichen Funktionen der Mitarbeiter, z.B. EDV-Organisation, Programmierung und Rechenzentrum
Funktionsumsetzung	hier: Beförderung von Mitarbeitern in andere Funktionsgrade, z.B. von der Junior-Fachkraft zur Fachkraft
Gehaltsfaktoren	hier: Zahlenmäßige Relation der Richtgehälter

Gehaltsfindung	Aktivitäten zur Findung der richtigen Gehaltsstruktur
Gehaltsstruktur	Festlegung der Richtgehälter für die einzelnen Stellen und Funktionen aufgrund der Gehaltsfaktoren
Gestaltungssysteme	höchste EDV-Stufe, z.B. Prognoserechnungen, Marketingsysteme u.a.
Gleichordnung einer Stelle	Einordnung einer Stelle im gleichberechtigten Instanzenaufbau, z.B. EDV-Organisation, Programmierung und Rechenzentrum
Gliederung der EDV-Abteilung	Über-, Unter- und Gleichordnung der Stellen innerhalb einer EDV-Abteilung
Hardware	Ausdruck für EDV-Anlagen, Datenerfassungsgeräte und Datenübertragungseinrichtungen
Hilfskräfte	neben den Führungskräften und den Fachkräften die dritte Mitarbeitergruppe in der EDV-Abteilung, z.B. Hilfskräfte für die Bedienung der Trenn- und Schneidemaschinen
Individualgehalt	Gehalt für einen bestimmten Mitarbeiter in einem bestimmten Zeitraum, abgeleitet aus dem Richtgehalt
Informationspflicht	in der Stellenbeschreibung festgelegte Pflicht eines Stelleninhabers, sich über bestimmte Gebiete zu informieren

Informationsrecht	in der Stellenbeschreibung festgelegtes Recht eines Stelleninhabers, über bestimmte Gebiete informiert zu werden
In-House-Training	anderer Ausdruck für firmeninterne Aus- und Weiterbildung
Instanzenaufbau	siehe Gliederung der EDV-Abteilung
Junior-Fachkraft	Fachkraft mit nur geringen (in der Regel 1- bis 2-jährigen) Erfahrungen nach Abschluß der Ausbildung
Karriereförderung	Teilgebiet des EDV-Personalmanagements zur Förderung der Mitarbeiter
Konsol-Operator	Operator, der mit Hilfe der Konsolschreibmaschine (über das Betriebssystem) die Arbeitsabläufe im Maschinenraum steuert
Kurzbewerbung	Hilfsmittel für eine erste Kontaktaufnahme bei der Personalbewerbung
Leistungsergebnis	Merkmal der Mitarbeiterbeurteilung, unterteilt nach Leistungsmenge und Leistungsgüte
Leistungsgüte	Teil des Leistungsergebnisses bei der Mitarbeiterbeurteilung; feststellbar an Häufigkeit und Ausmaß von Fehlern, Mängeln, Ausschuß, Störungen und Beanstandungen

Leistungskontrolle	Teilaktivität der Mitarbeiterführung zur Kontrolle der Leistungen der Mitarbeiter
Leistungsmenge	Teil des Leistungsergebnisses; feststellbar als in bestimmter Zeit geleistete Arbeitsmenge, benötigte Zeit für ein bestimmtes Arbeitsgebiet, Grad der Ausnutzung der Arbeitszeit und Grad der Stetigkeit der Leistung
Leistungsverhalten	neben dem Leistungsergebnis das zweite Hauptmerkmal der Mitarbeiterbeurteilung, unterteilt in Zusammenarbeit, Arbeitsplanung und Selbständigkeit
Leitungsaufgaben	im Gegensatz zu Ausführungsaufgaben die Aufgaben der Führungskräfte
Linienabteilung	Abteilung eines Unternehmens für Aufgaben mit Ausführungscharakter; Gegensatz: Stabsaufgaben mit Beratungscharakter
Management by Exception	Eingreifen und Entscheiden der Führungskräfte nur in Ausnahmefällen
marktgerechtes Entgelt	Bezeichnung für die Entlohnung der EDV-Mitarbeiter in Anpassung an eine marktorientierte Bezahlung
methodische Systementwicklung	moderne, einheitliche Verfahrenstechniken und Hilfsmittel für die Projektstufe Systementwicklung

Mitarbeiterbeurteilung	Verfahren für die periodisch durchgeführte Beurteilung der Mitarbeiter mit Ableitung von Förderungsmaßnahmen
Mitarbeiterförderung	Summe aller Maßnahmen für die Karriereförderung, Gehaltsfindung und Weiterbildung der Mitarbeiter
mittlere Führungskraft	hier: Zweite Führungsebene der EDV-Abteilung, z.B. Leiter der EDV-Organisation, Leiter der Programmierung und Leiter des Rechenzentrums
Motivation	Mittel der Mitarbeiterführung, bei der den Mitarbeitern Ziele gesetzt werden, an deren Realisierung sie selbst, aus innerer Überzeugung heraus, interessiert sind
Multiprogramming	Ausdruck für die Arbeitsweise einer EDV-Anlage, bei der mehrere Programme gleichzeitig (genauer: überlappt) in der Zentraleinheit ablaufen
Nachwuchsprogrammierer	Junior-Fachkraft in der Programmierung
Neu-Umstellung	Umstellung eines Arbeitsgebietes vom manuellen auf ein maschinelles Verfahren
obere Führungskraft	hier: Leiter der EDV-Abteilung
Operator	Bediener einer EDV-Anlage, unterschieden nach Konsol-Operator (für die Steuerung des Maschinendurchlaufs) und Peripherie-Operator

	(für das Rüsten der EDV-Anlage und für die Bedienung der peripheren Geräte)
Organisationshandbuch	hier: Arbeitsunterlage für den EDV-Mitarbeiter, die alle organisatorischen Regelungen zusammenfaßt
Organisationsstruktur	Bezeichnung für die Über-, Unter- und Gleichordnung der Stellen in einem Unternehmen
Orgware	neben Hardware und Software die dritte Gruppe der Arbeitsmittel in der EDV; Zusammenfassung aller organisatorisch-administrativen Regelungen
persönliche Anforderungen	neben Schul- und Ausbildung sowie Berufserfahrung bilden die persönlichen Anforderungen die dritte Gruppe der Anforderungsmerkmale an einen Stelleninhaber
Personalbedarfsplanung	Teilgebiet der EDV-Personalplanung mit der Zielsetzung, den Personalbedarf nach Quantität und Qualität für einen bestimmten Planungszeitraum zu ermitteln
Personalbeschaffungsplanung	Teilgebiet der EDV-Personalplanung mit der Zielsetzung, die zur Deckung des Personalbedarfs benötigten EDV-Kräfte nach Anzahl, Qualifikation und Zeit zu beschaffen
Personaleinsatzplanung	Teilgebiet der EDV-Personalplanung mit der Zielsetzung, den Personal-

	einsatz unter Berücksichtigung von Anforderungen und Fähigkeiten der EDV-Kräfte zu planen
Personalkarte	Hilfsmittel der Personaleinsatzplanung
Planungs- und Informationssysteme	dritthöchste EDV-Stufe, in der Aufgaben der Planung und Informationsbereitstellung auf die EDV umgestellt werden
Problemanalyse	erste Projektstufe, in der die Tatbestände und die voraussichtlichen künftigen Entwicklungen eines Arbeitsgebietes erfaßt und analysiert werden
Programmierer	Mitarbeiter der Gruppe Programmierung
Programmierung	Gruppe innerhalb der EDV-Abteilung, die für die Erstellung und Änderung von Programmen sowie für die Beschaffung von Systemsoftware verantwortlich ist, unterteilt nach Anwendungs- und Systemprogrammierung
Projektabwicklung	im Gegensatz zur Projektsteuerung die Realisierung von EDV-Projekten
Projektauftrag	interner Auftrag der EDV-Abteilung an ein Projektteam für die EDV-Umstellung eines Arbeitsgebietes
Projektauftragssteuerung	Verfahren der Planung, Überwachung und Kontrolle von EDV-Projekten

Projektgruppe	Mitarbeiterteam, das sich aus Mitarbeitern verschiedener Abteilungen (in der Regel EDV-Abteilung, Betriebsorganisation und Fachabteilungen) für die Umstellung eines EDV-Projekts zusammensetzt
Projektgruppenorganisation	siehe Projektgruppenprinzip
Projektgruppenprinzip	Bildung sachgebietsbezogener Projektgruppen (in der Regel aus Mitarbeitern der EDV-Abteilung, der Betriebsorganisation und der betroffenen Fachabteilungen) zur Umstellung eines EDV-Projekts
Projektkontrolle	Stufe der Projektauftragssteuerung zur Kontrolle der Termin-, Zeit- und Kostenplanung nach Umstellung eines Projekts
Projektleiter	fachlicher Leiter einer Projektgruppe, der zugleich Mitarbeiter der Projektgruppe ist
Projektmanager	anderer Ausdruck für Projektleiter
Projektmitarbeiter	Mitarbeiter einer Projektgruppe, der fachlich dem Projektleiter, disziplinarisch jedoch seinem unmittelbaren Vorgesetzten untersteht
Projektplanung	erste Stufe der Projektauftragssteuerung mit dem Ziel, die Termine, Zeiten und Kosten einer Projektumstellung zu planen

Projektsteuerung	Gesamtausdruck für die Planung, Überwachung und Kontrolle von EDV-Projekten und Umstellungsarbeiten
Projektstufe	abwicklungsbezogenes Teilgebiet der Projektumstellung, unterteilt nach Problemanalyse, Systementwicklung, Detailorganisation, Programmierung und Systemeinführung
Projekttätigkeit	Teilgebiet einer Projektstufe, z.B. bei der Projektstufe Programmierung Unterteilung nach Analyse der Programmvorgabe, Entwicklung des Programmablaufplans, Codierung, Programmtest und Ausarbeitung der Programmdokumentation
Projektüberwachung	zweite Stufe der Projektauftragssteuerung mit dem Ziel, die Projektumstellung während der Abwicklung zu überwachen
Projektumstellung	anderer Ausdruck für Projektabwicklung
Rechenzentrum	Stelle der EDV-Abteilung für die Abwicklung von umgestellten EDV-Projekten, üblicherweise unterteilt in Arbeitsvorbereitung, Datenerfassung, Maschinenraum und Kontrolle/Abstimmung
Richtgehalt	in der Regel jährlich festgesetztes Gehalt für eine bestimmte Stelle und Funktion in der EDV-Abteilung; aus dem Richtgehalt

	werden dann die individuellen Gehälter für Mitarbeiter einer bestimmten Stelle und Funktion abgeleitet
Routineaufgaben	unterste EDV-Stufe der EDV-Aufgaben: Einfache Abrechnungs- und Routineaufgaben, wie z.B. Materialbestandsführung, Lohn- und Gehaltsabrechnung
Senior-Fachkraft	oberste Funktionsstufe der EDV-Fachkräfte, meist mit mehr als 5-jähriger Erfahrung und entsprechender Qualifikation, zur Durchführung von EDV-Aufgaben höchster Anforderung
Servicebereich	Bezeichnung für einen Unternehmensbereich, dessen Abteilungen vorwiegend Beratungs- und Serviceaufgaben für andere Linienabteilungen übernehmen
Software	Summe aller Programme für eine EDV-Anlage, unterteilt nach System- und Anwendungssoftware
Soll-Anforderungen	Anforderungen an einen Stelleninhaber, dokumentiert im Anforderungsprofil
Stabs-/Service-Abteilung	im Gegensatz zur Linienabteilung eine Abteilung, die beratende Aufgaben und Dienstleistungen für andere Abteilungen des Unternehmens durchführt

Standard-Software	Bezeichnung von Software, die nicht für einen bestimmten Anwender entwickelt wurde
Stelle	kleinste organisatorische, arbeitsteilige Einheit in der Organisationsstruktur eines Unternehmens
Stellenbeschreibung	Hilfsmittel für die Beschreibung einer Stelle nach Art und Aufgaben sowie Befugnissen des Stelleninhabers
Stellenbezeichnung	genaue Bezeichnung einer Stelle, z.B. Anwendungsprogrammierer
Stellenbildung	Aktivität zur Bildung von Stellen in der EDV-Abteilung nach Abschluß der Aufgabengliederung
Stelleninhaber	Inhaber einer Stelle, der nicht mit einem bestimmten Mitarbeiter identisch ist
Stellenplan	Hilfsmittel für die Planung der Stellenbesetzung nach Quantität und Qualität innerhalb eines Planungszeitraums
Stellenversetzung	Ausdruck für die Versetzung eines Mitarbeiters von einer in eine andere Stelle
Stellenverteilung	Strukturierung einer Abteilung nach Stellen, im Anschluß an die Stellenbildung

Systemeinführung	letzte Projektstufe, bei der ein umgestelltes System in den betreffenden Fachabteilungen und im Rechenzentrum eingeführt wird
Systementwicklung	zweite Stufe der Projektabwicklung, bei der das neue System entworfen und ausgearbeitet wird
Systemplanung	Zusammenfassung von Problemanalyse und Systementwicklung zur Systemplanung
Systemprogrammierer	im Gegensatz zum Anwendungsprogrammierer ein Mitarbeiter der EDV-Abteilung, der für den Gesamtbereich der Systemsoftware zuständig und verantwortlich ist
Systemsoftware	Summe aller Programme, die sich nicht auf bestimmte Anwendungen beziehen, üblicherweise unterteilt nach Betriebssystemen, Programmübersetzern sowie Arbeits-, Dienst- und Verwaltungsprogrammen
Teilaufgabe	abgegrenzte Tätigkeit innerhalb eines Aufgabenkomplexes, z.B. beim Aufgabenkomplex Systementwicklung die Vorbereitung der Systementwicklung, die Durchführung der Systementwicklung und die Darstellung des entwickelten Systems
TP-Spezialist	englisch Teleprocessing: Spezialist für die Datenfernverarbeitung

Überordnung einer Stelle	Bezeichnung aus der Stellengliederung, bei der eine bestimmte Stelle anderen Stellen übergeordnet ist
Umstellung	anderer Ausdruck für Projektabwicklung
Umstellungsplan Projekte	Gesamtplanung für die Umstellung aller Projekte innerhalb eines bestimmten Zeitraums
Umstellungsstufe	anderer Ausdruck für Projektstufe
Umstellungsteam	anderer Ausdruck für Projektgruppe
untere Führungskraft	unterste Hierarchie der Führungskräfte in der EDV-Abteilung, z.B. Gruppenleiter und Projektleiter
unternehmensgerechtes Entgelt	Bezeichnung für die Entlohnung der EDV-Mitarbeiter nach vergleichbaren Merkmalen zu anderen Mitarbeitern des Unternehmens
Unterordnung	Bezeichnung aus der Stellengliederung, bei der eine Stelle einer anderen untergeordnet ist
Voruntersuchung	der Projektsteuerung und Projektabwicklung vorausgehende Aktivität, unterteilt nach EDV-Antragsstellung, EDV-Analyse und EDV-Auftragserteilung
Weiterbildung	im Gegensatz zur Ausbildung die Fortbildung der Mitarbeiter

Wiederholungs-Umstellung	Umstellung, bei der ein Arbeitsgebiet von einem maschinellen Verfahren auf ein anderes maschinelles Verfahren umgestellt wird (z.B. Überarbeitung von EDV-Abläufen bzw. Optimierung von Programmen)
Ziel der Stelle	Ausdruck der Stellenbeschreibung, bei der die Zielsetzung der Stelle genau bezeichnet wird

Stellenbeschreibungen und Anforderungsprofile

FUTH	STELLENBESCHREIBUNG	erstellt am: erstellt durch:

Bereich: Servicebereich	Gruppe: ------
Abteilung: EDV-Abteilung	Stellenbezeichnung: EDV-Assistent (Fachkraft)

Unterstellung: Er ist dem Leiter der EDV-Abteilung direkt unterstellt.

Überstellung: ------

Stellvertretung: ------

Informationsrecht:

Er nimmt an allen Sitzungen der EDV-Führung teil und erhält vom EDV-Leiter alle fachlichen Informationen, die er für seine Aufgaben benötigt.

Informationspflicht:

Er informiert den EDV-Leiter über alle Planabweichungen und Ausnahmefälle.

Ziel der Stelle:

Unterstützung des EDV-Leiters bei allen Aufgaben, insbesondere bei Planungs- und Entwicklungsarbeiten.

Besondere Befugnisse des Stelleninhabers:

Aufgaben der Stelle:	Funktionen						
	HK	JF	F	SF	UF	MF	OF
- Unterstützung des Leiters der EDV-Abteilung in allen Aufgaben.			X				
- Überwachung der Kosten- und Leistungskontrolle.			X				
- Ausarbeitung von Standards- und Arbeitsanweisungen.			X				
- Beobachtung und Studium von Fachliteratur und Fachzeitschriften sowie Empfehlung von Literaturanschaffung.			X				
- Beobachtung des Hardware- und Softwaremarktes.			X				
- Koordinierung der EDV-Aus- und Weiterbildung.			X				
- Bearbeitung von Personalfragen, jedoch nur organisationstechnischer Art, in Zusammenarbeit mit der Personalabteilung.			X				
- Vorbereitung von Besucherführungen.			X				
- Besichtigungsreisen zu anderen Firmen.			X				
- Kontaktpflege innerhalb der EDV-Abteilung und zu anderen Stellen im Unternehmen.			X				
- Führung von Protokollen bei Sitzungen und Verhandlungen.			X				
- Allgemeiner Schriftverkehr.			X				
- Ausarbeitung von Statistiken und Berichten für die Geschäftsführung.			X				
- Durchführung von Sonderaufgaben und Einzeluntersuchungen auf Veranlassung und unter der Anleitung des EDV-Leiters.			X				
- Eigene Weiterbildung.			X				

Funktionen: HK = Hilfskraft
JF = Junior-Fachkraft
F = Fachkraft
SF = Senior-Fachkraft
UF = Untere Führungskraft
MF = Mittlere Führungskraft
OF = Obere Führungskraft

FUTH	STELLENBESCHREIBUNG	erstellt am: erstellt durch:

Bereich: Servicebereich	Gruppe: EDV-Organisation
Abteilung: EDV-Abteilung	Stellenbezeichnung: Leiter EDV-Organisation (Mittlere Führungskraft)

Unterstellung: Er ist dem Leiter der EDV-Abteilung direkt unterstellt.

Überstellung: Ihm unterstehen alle Mitarbeiter der EDV-Organisation.

Stellvertretung: Er vertritt den Leiter der EDV-Abteilung und wird selbst durch den Leiter der EDV-Abteilung vertreten.

Informationsrecht:

Er nimmt an allen Sitzungen der EDV-Führung und bei Bedarf an Sitzungen des EDV-Ausschusses teil und wird über alle neuen Projekte und Änderungen sowie Hardware- und Softwareerweiterungen informiert.

Informationspflicht:

Er gibt monatlich einen Bericht an den Leiter der EDV-Abteilung und informiert ihn in Ausnahmefällen umgehend.

Ziel der Stelle:

Planung und Entwicklung neuer EDV-Projekte einschließlich Änderungen entsprechend der Zielsetzung der EDV-Abteilung.

Besondere Befugnisse des Stelleninhabers:

Anordnung von Überstunden in der EDV-Organisation. Mitwirkung bei der Förderung seiner Mitarbeiter. Durchführung von Mitarbeiterbeurteilungen. Vorschlagsrecht bei Beförderungen und Gehaltserhöhungen. Mitspracherecht bei der Auswahl und Einstellung neuer Mitarbeiter.

Aufgaben der Stelle:	HK	JF	F	SF	UF	MF	OF
- Verantwortlich für die ordnungsgemäße Durchführung der EDV-Organisationsaufgaben.						X	
- Verteilung der Projektaufträge an die Projektleiter der EDV-Organisation, Festlegung und Überwachung der Terminvorgaben für Projektaufträge.						X	
- Unterstützung und fachliche Anleitung seiner Mitarbeiter.						X	
- Empfehlungen zur Verbesserung der Umstellungsarbeiten.						X	
- Kosten- und Leistungskontrolle der EDV-Organisation.						X	
- Unterrichtung des Leiters der Programmierung über neue Projekte.						X	
- Kontaktpflege zu betrieblichen und außerbetrieblichen Stellen.						X	
- Information über neue Verfahren und Hilfsmittel.						X	
- Unterrichtung seiner Mitarbeiter über neue Entwicklungen.						X	
- Eigene Weiterbildung.						X	

Funktionen (column group above HK–OF)

Funktionen: HK = Hilfskraft, JF = Junior-Fachkraft, F = Fachkraft, SF = Senior-Fachkraft, UF = Untere Führungskraft, MF = Mittlere Führungskraft, OF = Obere Führungskraft

<table>
<tr><td>FUTH</td><td colspan="2">STELLENBESCHREIBUNG</td><td>erstellt am:
erstellt durch:</td></tr>
<tr><td colspan="2">Bereich: Servicebereich

Abteilung: EDV-Abteilung</td><td colspan="2">Gruppe: EDV-Organisation

Stellenbezeichnung: Systemplaner
(Junior-Fachkraft, Fachkraft, Senior-Fachkr.)</td></tr>
<tr><td colspan="4">Unterstellung: Er ist dem Leiter der EDV-Organisation unterstellt.

Überstellung: Bei Einsatz als Projektleiter (Untere Führungskraft) unterstehen ihm alle Projektgruppenmitarbeiter fachlich.

Stellvertretung: ------</td></tr>
<tr><td colspan="4">Informationsrecht:
Er nimmt an allen Sitzungen und Präsentationen seiner Projekte teil und wird über alle Tatbestände seiner Projekte sowie über neue Techniken und Hilfsmittel informiert.</td></tr>
<tr><td colspan="4">Informationspflicht:
Er gibt wöchentlich einen Arbeitsbericht ab. Bei Einsatz als Projektleiter informiert er den Leiter der EDV-Organisation wöchentlich über Stand und Entwicklung seiner Projekte.</td></tr>
<tr><td colspan="4">Ziel der Stelle:
Planung neuer Projekte oder Projektänderungen entsprechend der Zielsetzung der EDV-Abteilung.</td></tr>
<tr><td colspan="4">Besondere Befugnisse des Stelleninhabers:
Bei Einsatz als Projektleiter kann er Überstunden in begründeten Ausnahmefällen anordnen und fachliche Anordnungen treffen. Außerdem wirkt er als Projektleiter bei Mitarbeiterbeurteilungen mit.</td></tr>
</table>

Aufgaben der Stelle:	HK	JF	F	SF	UF	MF	OF
				Funktionen			
- Mitwirkung bei der Projektplanung.				X			
- Mitwirkung bei der Arbeitsplanung.			X	X			
- Selbständige Durchführung von Detailorganisation: Entwicklung von Fein-Datenflußplänen, Beschreibung der Ein-/Ausgabedaten, der Datei- und Satzaufbauten sowie der Verarbeitungsregeln.			X	X			
- Durchführung von Detailorganisationen unter fachlicher Anleitung.		X					
- Selbständige Ausarbeitung von Programmvorgaben.			X	X			
- Ausarbeitung von Programmvorgaben unter fachlicher Anleitung.		X					
- Mitwirkung bei Systemeinführungen.		X	X	X			
- Ausarbeitung von Dokumentationsunterlagen.		X	X	X			
- Mitwirkung bei Präsentationen.			X	X			
- Durchführung von Sonderaufgaben: Wirtschaftlichkeitsanalysen, Maschinenauswahl und Untersuchungen auf dem Gebiet der Anwendungssoftware.				X			
- Zusammenarbeit mit Fachabteilungen und Programmierung.			X	X			
- Planung, Überwachung und Kontrolle von Arbeitsaufträgen.				X			
- Mitwirkung bei der Einführung neuer Arbeitstechniken und Hilfsmittel.				X			
- Eigene Weiterbildung.		X	X	X			

Funktionen:
HK = Hilfskraft
JF = Junior-Fachkraft
F = Fachkraft
SF = Senior-Fachkraft
UF = Untere Führungskraft
MF = Mittlere Führungskraft
OF = Obere Führungskraft

FUTH	STELLENBESCHREIBUNG	erstellt am: erstellt durch:

Bereich: Servicebereich Abteilung: EDV-Abteilung	Gruppe: EDV-Organisation Stellenbeschreibung: Systemanalytiker (Junior-Fachkraft, Fachkraft, Senior-Fachkraft)

Unterstellung: Er ist dem Leiter der EDV-Organisation direkt unterstellt.

Überstellung: Bei Einsatz als Projektleiter (Untere Führungskraft) unterstehen ihm alle Projektgruppenmitarbeiter fachlich.

Stellvertretung: ------

Informationsrecht:

Er nimmt an allen Sitzungen und Präsentationen seiner Projekte teil und wird über alle Tatbestände seiner Projekte sowie über neue Techniken und Hilfsmittel informiert.

Informationspflicht:

Er gibt wöchentlich einen Arbeitsbericht ab.
Bei Einsatz als Projektleiter informiert er den Leiter der EDV-Organisation wöchentlich über Stand und Entwicklung seiner Projekte.

Ziel der Stelle:

Analyse neuer Systeme und Ausarbeiten von Programmvorgaben entsprechend der Zielsetzung der EDV-Abteilung.

Besondere Befugnisse des Stelleninhabers:

Bei Einsatz als Projektleiter kann er Überstunden in begründeten Ausnahmefällen anordnen und fachliche Anordnungen treffen. Außerdem wirkt er als Projektleiter bei Mitarbeiterbeurteilungen mit.

Aufgaben der Stelle:	HK	JF	F	SF	UF	MF	OF
	Funktionen						
- Mitwirkung bei der Projektplanung.			X	X			
- Mitwirkung bei der Arbeitsplanung.			X	X			
- Selbständige Durchführung von Problemanalysen.			X	X			
- Durchführung von Problemanalysen unter fachlicher Anleitung.		X					
- Selbständige Durchführung von Systementwicklungen.			X	X			
- Durchführung von Systementwicklungen unter fachlicher Anleitung.		X					
- Planung und Durchführung von Systemeinführungen.			X	X			
- Planung und Durchführung von Systemeinführungen unter fachlicher Anleitung.		X					
- Ausarbeitung von Dokumentationsunterlagen je Projektstufe.		X	X	X			
- Planung und Durchführung von Präsentationen.			X	X			
- Durchführung von Sonderaufgaben: Wirtschaftlichkeitsanalysen, Maschinenauswahl und Untersuchungen auf dem Gebiet der Anwendungssoftware.				X			
- Zusammenarbeit mit Fachabteilungen, Betriebsorganisation und Revision.			X	X			
- Planung, Überwachung und Kontrolle von Arbeitsaufträgen				X			
- Mitwirkung bei der Einführung neuer Arbeitstechniken und Hilfsmittel.				X			
- Eigene Weiterbildung.		X	X	X			

Funktionen: HK = Hilfskraft
JF = Junior-Fachkraft
F = Fachkraft
SF = Senior-Fachkraft
UF = Untere Führungskraft
MF = Mittlere Führungskraft
OF = Obere Führungskraft

FUTH	STELLENBESCHREIBUNG	erstellt am:
		erstellt durch:

Bereich: Servicebereich	Gruppe: Programmierung
Abteilung: EDV-Abteilung	Stellenbezeichnung: Leiter Programmierung (Mittlere Führungskraft)

Unterstellung: Er ist dem Leiter der EDV-Abteilung direkt unterstellt.

Überstellung: Ihm unterstehen alle Mitarbeiter der Programmierung.

Stellvertretung: Er wird durch den Leiter der EDV-Abteilung vertreten.

Informationsrecht:

Er nimmt an allen Sitzungen der EDV-Führung teil und wird über alle neuen Projekte und Änderungen sowie Hardware- und Softwareerweiterungen informiert.

Informationspflicht:

Er gibt monatlich einen Bericht an den Leiter der EDV-Abteilung und informiert ihn in Ausnahmefällen umgehend.

Ziel der Stelle:

Anwendungs- und Systemprogrammierung entsprechend der Zielsetzung der EDV-Abteilung.

Besondere Befugnisse des Stelleninhabers:

Anordnung von Überstunden in der Programmierung. Mitwirkung bei der Förderung seiner Mitarbeiter. Durchführung von Mitarbeiterbeurteilungen. Vorschlagsrecht bei Beförderungen und Gehaltserhöhungen. Mitspracherecht bei der Auswahl und Einstellung neuer Mitarbeiter.

Aufgaben der Stelle:	HK	JF	F	SF	UF	MF	OF
- Verantwortlich für die ordnungsgemäße Durchführung der Programmierungsaufgaben.						X	
- Verteilung der Projektaufträge an die Mitarbeiter der Programmierung.						X	
- Fachliche Beratung und Unterstützung seiner Mitarbeiter.						X	
- Festsetzung von Einzelterminen und Überwachung auf ihre Einhaltung, in Abstimmung mit den Projektleitern.						X	
- Verantwortlich für die ordnungsgemäße Programmpflege.						X	
- Verantwortlich für die ordnungsgemäße Ausarbeitung und Änderung der Programmdokumentation.						X	
- Kontrolle des Leistungsstandes der Programmierer und Vorschläge zu ihrer Verbesserung.						X	
- Information und Empfehlungen über neue Programmiersprachen, Betriebssysteme und Standardprogramme.						X	
- Aufstellung von Programmierungsanweisungen.						X	
- Eigene Weiterbildung.						X	

Funktionen: HK = Hilfskraft, JF = Junior-Fachkraft, F = Fachkraft, SF = Senior-Fachkraft, UF = Untere Führungskraft, MF = Mittlere Führungskraft, OF = Obere Führungskraft

FUTH	STELLENBESCHREIBUNG	erstellt am: erstellt durch:

Bereich: Servicebereich Abteilung: EDV-Abteilung	Gruppe: Programmierung Stellenbezeichnung: Anwendungsprogrammierer (Junior-Fachkraft, Fachkraft, Senior-Fachkraft)

Unterstellung: Er ist dem Leiter der Programmierung direkt unterstellt.

Überstellung: Bei Einsatz als Projektleiter (Untere Führungskraft) unterstehen ihm alle Projektgruppenmitarbeiter fachlich.

Stellvertretung: ------

Informationsrecht:

Er nimmt an allen Sitzungen und Präsentationen seiner Projekte teil und wird über alle Tatbestände seiner Projekte sowie über neue Techniken und Hilfsmittel informiert.

Informationspflicht:

Er gibt wöchentlich einen Arbeitsbericht ab. Bei Einsatz als Projektleiter informiert er den Leiter der Programmierung wöchentlich über Stand und Entwicklung seiner Projekte.

Ziel der Stelle:

Ausarbeitung neuer Programme und Durchführung von Programmänderungen entsprechend der Zielsetzung der EDV-Abteilung.

Besondere Befugnisse des Stelleninhabers:

Bei Einsatz als Projektleiter kann er Überstunden in begründeten Ausnahmefällen anordnen und fachliche Anordnungen treffen. Außerdem wirkt er als Projektleiter bei Mitarbeiterbeurteilungen mit.

Aufgaben der Stelle:	HK	JF	F	SF	UF	MF	OF
	Funktionen						
- Mitwirkung an Zeitschätzungen für neue Programme und Programmänderungen sowie bei der Projektplanung.				X			
- Mitwirkung bei der Arbeitsplanung.			X	X			
- Selbständige Ausarbeitung von Programmen nach Aufgabenstellung und Programmierungsanweisung.			X	X			
- Ausarbeitung von Programmen unter fachlicher Anleitung.		X					
- Entwerfen von Programmablaufplänen.			X	X			
- Verschlüsselung der Programme (Codieren).		X	X	X			
- Maschinelle Umwandlung der symbolischen Programme.		X	X	X			
- Ausarbeitung von Testbeispielen in Zusammenarbeit mit den Systemanalytikern.			X	X			
- Durchführung von Programmtests.			X	X			
- Ausarbeitung und Zusammenstellung der Programmdokumentation.		X	X	X			
- Überprüfung bereits laufender Programme und Vorschläge zu ihrer Verbesserung.			X	X			
- Einhaltung der Terminvorgaben und Senkung der Programmierungskosten.			X	X			
- Erstellung der Bedienungsanleitungen für die Operateure.			X	X			
- Programmpflege mit Umcodieren, Austesten und Änderung der Programmdokumentation.			X	X			
- Mitwirkung in Fragen der Systemsoftware.				X			
- Zusammenarbeit mit Systemanalytikern und Arbeitsplanern.			X	X			
- Planung, Überwachung und Kontrolle von Arbeitsaufträgen.				X			
- Mitwirkung bei der Einführung neuer Arbeitstechniken und Hilfsmittel.				X			
- Eigene Weiterbildung.		X	X	X			

Funktionen:
HK = Hilfskraft
JF = Junior-Fachkraft
F = Fachkraft
SF = Senior-Fachkraft
UF = Untere Führungskraft
MF = Mittlere Führungskraft
OF = Obere Führungskraft

FUTH	STELLENBESCHREIBUNG	erstellt am: erstellt durch:

Bereich: Servicebereich Abteilung: EDV-Abteilung	Gruppe: Programmierung Stellenbezeichnung: Systemprogrammierer (Junior-Fachkraft, Fachkraft, Senior-Fachkraft)

Unterstellung: Er ist dem Leiter der Programmierung direkt unterstellt.

Überstellung: ------

Stellvertretung: ------

Informationsrecht:

Er nimmt an allen Sitzungen betreffend Anschaffung oder Installation neuer System- und Anwendungssoftware teil und wird über alle Tatbestände betreffend Software informiert.

Informationspflicht:

Er informiert den Leiter der Programmierung über Probleme bei der Systemsoftware.

Ziel der Stelle:

Ausstattung mit moderner, wirksamer und wirtschaftlicher System- und Anwendungssoftware entsprechend der Zielsetzung der EDV-Abteilung.

Besondere Befugnisse des Stelleninhabers:

Bei Einsatz als Gruppenleiter (Untere Führungskraft) kann er Überstunden in begründeten Ausnahmefällen anordnen. Außerdem wirkt er als Gruppenleiter bei Mitarbeiterbeurteilungen mit.

Aufgaben der Stelle:	Funktionen						
	HK	JF	F	SF	UF	MF	OF
- Planung, Überwachung und Kontrolle der Systemprogrammierung.				X			
- Pflege des verwendeten Betriebssystems.			X	X			
- Durchführung von Generierungen bei Änderungen im Betriebssystem.			X	X			
- Beobachtung von Systemkorrekturen durch den Hersteller.			X	X			
- Zusammenarbeit mit den Systemspezialisten der Herstellerfirma.			X	X			
- Überwachung und Sicherung der Systemspeicher.			X	X			
- Beratung der Anwendungsprogrammierer, der Arbeitsvorbereitung und der Operateure in Softwarefragen.			X	X			
- Vorschläge zur Verbesserung des Softwareeinsatzes und der Anschaffung neuer Systemsoftware und Standard-Anwendungssoftware.			X	X			
- Aufgaben der Systemprogrammierung unter fachlicher Anleitung.		X					
- Überwachung von Datenschutz- und Datensicherungsmaßnahmen im Softwarebereich.				X			
- Eigene Weiterbildung.		X	X	X			

Funktionen:
HK = Hilfskraft
JF = Junior-Fachkraft
F = Fachkraft
SF = Senior-Fachkraft
UF = Untere Führungskraft
MF = Mittlere Führungskraft
OF = Obere Führungskraft

FUTH	STELLENBESCHREIBUNG	erstellt am: erstellt durch:

Bereich: Servicebereich Abteilung: EDV-Abteilung	Gruppe: Rechenzentrum Stellenbezeichnung: Leiter Rechenzentrum (Mittlere Führungskraft)

Unterstellung: Er ist dem Leiter der EDV-Abteilung direkt unterstellt.

Überstellung: Ihm unterstehen alle Mitarbeiter des Rechenzentrums.

Stellvertretung: Er wird durch den Leiter der Arbeitsvorbereitung vertreten.

Informationsrecht:

Er nimmt an allen Sitzungen der EDV-Führung teil und wird über alle Hardware- und Software-Änderungen informiert.

Informationspflicht:

Er gibt monatlich einen Bericht an den Leiter der EDV-Abteilung und informiert ihn in Ausnahmefällen umgehend.

Ziel der Stelle:

Abwicklung aller RZ-Arbeiten entsprechend der Zielsetzung der EDV-Abteilung.

Besondere Befugnisse des Stelleninhabers:

Anordnung von Überstunden im Rechenzentrum. Mitwirkung bei der Förderung seiner Mitarbeiter. Durchführung von Mitarbeiterbeurteilungen. Vorschlagsrecht bei Beförderungen und Gehaltserhöhungen. Mitspracherecht bei der Auswahl und Einstellung neuer Mitarbeiter.

Aufgaben der Stelle:	HK	JF	F	SF	UF	MF	OF
				Funktionen			
- Verantwortlich für die ordnungsgemäße Durchführung aller RZ-Arbeiten.						X	
- Planung, Überwachung und Kontrolle der RZ-Arbeiten.						X	
- Fachliche Beratung und Unterstützung seiner Mitarbeiter.						X	
- Ständige Kontrolle des Leistungsstandes seiner Mitarbeiter.						X	
- Mitwirkung bei der Terminplanung und Festlegung von RZ-Prioritäten.						X	
- Mitwirkung bei Installationsplanungen.						X	
- Empfehlungen zur Verbesserung des Arbeitsablaufs und der Effizienz der RZ-Arbeiten.						X	
- Führung von Statistiken über Maschinenauslastung, Maschinenbelegung, Maschinenstörungen sowie Kosten und Leistungen im RZ.						X	
- Unterrichtung seiner Mitarbeiter über neue Entwicklungen.						X	
- Zusammenarbeit mit anderen Stellen der EDV-Abteilung sowie mit Betriebsorganisation, Revision und Fachabteilungen.						X	
- Eigene Weiterbildung.						X	

Funktionen: HK = Hilfskraft
JF = Junior-Fachkraft
F = Fachkraft
SF = Senior-Fachkraft
UF = Untere Führungskraft
MF = Mittlere Führungskraft
OF = Obere Führungskraft

FUTH	STELLENBESCHREIBUNG	erstellt am: erstellt durch:

Bereich: Servicebereich	Gruppe: Rechenzentrum
Abteilung: EDV-Abteilung	Stellenbezeichnung: Leiter Arbeitsvorbereitung (Untere Führungskraft)

Unterstellung: Er ist dem Leiter des Rechenzentrums direkt unterstellt.

Überstellung: Ihm unterstehen alle Mitarbeiter der Arbeitsvorbereitung.

Stellvertretung: Er vertritt den Leiter des Rechenzentrums und wird durch einen im Einzelfall zu benennenden Mitarbeiter vertreten.

Informationsrecht:

Er nimmt an allen Besprechungen des Rechenzentrums und an den Gesprächen zur Übernahme neuer Systeme teil und wird über alle Neuentwicklungen von EDV-Anwendungen sowie über Hardware- und Software-Änderungen informiert.

Informationspflicht:

Er informiert den Leiter des Rechenzentrums bei Planabweichungen und Betriebsstörungen.

Ziel der Stelle:

Planung und Vorbereitung aller Arbeiten im Maschinenraum sowie ordnungsgemäße Archivierung von Datenträgern und Dokumentationsunterlagen.

Besondere Befugnisse des Stelleninhabers:

Anordnung von Prioritäten und Umdispositionen bei der RZ-Abwicklung. Anordnung von Überstunden in begründeten Ausnahmefällen. Mitwirkung bei Mitarbeiterbeurteilungen.

Aufgaben der Stelle:	Funktionen						
	HK	JF	F	SF	UF	MF	OF
- Verantwortlich für die ordnungsgemäße Planung, Ablaufvorbereitung und Archivierung.					X		
- Verantwortlich für die ordnungsgemäße Durchführung von Umstellungsarbeiten im Rechenzentrum einschließlich Maschinentests.					X		
- Überwachung und Kontrolle aller Arbeiten der Arbeitsvorbereitung.					X		
- Änderung von Prioritäten, in Absprache mit der Kontrolle/Abstimmung.					X		
- Entscheidung über Umdispositionen.					X		
- Fachliche Anleitung der Mitarbeiter.					X		
- Unterstützung bei Personalausfall und -engpässen.					X		
- Vorschlagen von Verbesserungen bei Verfahrenstechniken und Hilfsmitteln.					X		
- Schulung und Unterrichtung der Mitarbeiter über neue Entwicklungen.					X		
- Zusammenarbeit mit dem Maschinenraum, der Kontrolle/Abstimmung, der Datenerfassung und den Projektgruppen.					X		
- Eigene Weiterbildung.					X		

Funktionen:

- HK = Hilfskraft
- JF = Junior-Fachkraft
- F = Fachkraft
- SF = Senior-Fachkraft
- UF = Untere Führungskraft
- MF = Mittlere Führungskraft
- OF = Obere Führungskraft

FUTH	STELLENBESCHREIBUNG	erstellt am: erstellt durch:

Bereich: Servicebereich Abteilung: EDV-Abteilung	Gruppe: Rechenzentrum Stellenbezeichnung: Arbeitsvorbereiter (Junior-Fachkraft, Fachkraft, Senior-Fachkraft)

Unterstellung: Er ist dem Leiter der Arbeitsvorbereitung direkt unterstellt.

Überstellung: ------

Stellvertretung: ------

Informationsrecht:

Er nimmt an allen Gesprächen zur Übernahme neuer Systeme und Änderungen teil und wird über alle Neuentwicklungen und Änderungen informiert.

Informationspflicht:

Er informiert den Leiter der Arbeitsvorbereitung bei Planabweichungen und Betriebsstörungen.

Ziel der Stelle:

Planung und Vorbereitung aller Arbeiten für den Maschinenraum.

Besondere Befugnisse des Stelleninhabers:

Aufgaben der Stelle:	Funktionen						
	HK	JF	F	SF	UF	MF	OF
Arbeitsplanung							
- Stellungnahme zur Planung neuer EDV-Umstellungen.			X	X			
- Einplanung von Test- und Übernahmearbeiten während neuer EDV-Umstellungen.			X	X			
- Analyse der übergebenen RZ-Dokumentation (nach Abschluß einer Umstellung).			X	X			
- Einplanung umgestellter Systeme in die Maschinenplanung.			X	X			
- Aufstellung täglicher Maschinenbelegungspläne.			X	X			
- Vornahme von Umdispositionen bei Engpässen und Störungen.			X	X			
- Zusammenarbeit mit der Systemprogrammierung.			X	X			
Ablaufvorbereitung							
- Vorbereitung der Maschinenabläufe und Bereitstellung der Arbeitsunterlagen und -hilfsmittel.		X	X				
- Zusammenstellung der Steuerkartensätze.		X	X				
- Rücknahme der Arbeitsunterlagen und -hilfsmittel vom Maschinenraum		X	X				
- Zusammenarbeit mit Archivaren und Operateuren.		X	X				
- Verantwortlich für revisionsgerechte Verwahrung der Konsolnachrichten.			X				
- Verantwortlich für Datenträgersicherungsmaßnahmen und Dateiregenerierungen.			X				
- Eigene Weiterbildung.		X	X	X			

Funktionen:
HK = Hilfskraft
JF = Junior-Fachkraft
F = Fachkraft
SF = Senior-Fachkraft
UF = Untere Führungskraft
MF = Mittlere Führungskraft
OF = Obere Führungskraft

FUTH	STELLENBESCHREIBUNG	erstellt am: erstellt durch:

Bereich: Servicebereich Abteilung: EDV-Abteilung	Gruppe: Rechenzentrum Stellenbezeichnung: Archivar (Junior-Fachkraft, Fachkraft, Senior-Fachkraft)

Unterstellung: Er ist dem Leiter der Arbeitsvorbereitung direkt unterstellt.

Überstellung: ------

Stellvertretung: ------

Informationsrecht:

Er nimmt an allen Gesprächen zur Übernahme neuer Systeme und Änderungen teil und wird über alle Neuentwicklungen und Änderungen informiert.

Informationspflicht:

Er informiert den Leiter der Arbeitsvorbereitung bei Nichteinhaltung der Archivierungsrichtlinien durch andere Mitarbeiter sowie bei Störungen.

Ziel der Stelle:

Archivierung aller Datenträger, Verwaltung und Pflege der Dokumentation und Disposition des Verbrauchsmaterials.

Besondere Befugnisse des Stelleninhabers:

Aufgaben der Stelle:	HK	JF	F	SF	UF	MF	OF
- Termingerechte und ordnungsgemäße Bereitstellung von Datenträgern und Verbrauchsmaterial.		X	X	X			
- Verwaltung und Führung des Datenträgerarchivs.			X	X			
- Verantwortlich für die Ausleihe und Rücknahme von Datenträgern.			X	X			
- Mitwirkung bei Datensicherungsmaßnahmen.			X	X			
- Verwaltung und Führung des Dokumentationsarchivs.		X	X	X			
- Mitverantwortlich für die Dokumentationsänderung.			X	X			
- Disposition, Verwaltung und Lagerung von Verbrauchsmaterial.		X	X	X			
- Zusammenarbeit mit der Ablaufvorbereitung, der Programmierung (Dokumentationsänderungen) und dem Einkauf.			X	X			
- Eigene Weiterbildung.		X	X	X			

(Spaltenüberschrift: Funktionen)

Funktionen: HK = Hilfskraft
JF = Junior-Fachkraft
F = Fachkraft
SF = Senior-Fachkraft
UF = Untere Führungskraft
MF = Mittlere Führungskraft
OF = Obere Führungskraft

FUTH	STELLENBESCHREIBUNG	erstellt am: erstellt durch:

Bereich: Servicebereich Abteilung: EDV-Abteilung	Gruppe: Rechenzentrum Stellenbezeichnung: Leiter(in) Datenerfassung (Untere Führungskraft)

Unterstellung: Er (Sie) ist dem Leiter des Rechenzentrums direkt unterstellt.

Überstellung: Ihm (Ihr) unterstehen alle Mitarbeiterinnen der Datenerfassung.

Stellvertretung: Er (Sie) wird im Einzelfall durch eine zu benennende Mitarbeiterin vertreten.

Informationsrecht:

Er (Sie) nimmt an allen Besprechungen des Rechenzentrums und an Gesprächen zur Übernahme neuer Arbeiten teil und wird über alle Änderungen von Datenerfassungseinrichtungen informiert.

Informationspflicht:

Er (Sie) informiert den Leiter des Rechenzentrums bei Planabweichungen und Betriebsstörungen.

Ziel der Stelle:

Planung, Durchführung und Kontrolle aller Datenerfassungsarbeiten.

Besondere Befugnisse des Stelleninhabers:

Anordnung von Prioritäten und Umdispositionen in der Datenerfassung (in Abstimmung mit dem Leiter der Arbeitsvorbereitung). Anordnung von Überstunden in begründeten Ausnahmefällen. Mitwirkung bei Mitarbeiterbeurteilungen.

Aufgaben der Stelle:	HK	JF	F	SF	UF	MF	OF
- Verantwortlich für die ordnungsgemäße Durchführung aller Datenerfassungsarbeiten.					X		
- Ständige Kontrolle des Leistungsstandes der unterstellten Mitarbeiterinnen: Leistungen, Fehlerquoten, Fehlzeiten.					X		
- Ständige Überprüfung der Ausführungsregeln.					X		
- Fachliche Beratung und Unterstützung der Mitarbeiterinnen.					X		
- Mitwirkung bei der Ausarbeitung von Arbeitsanweisungen.					X		
- Festsetzung und Koordination der Termine für die einzelnen Arbeiten zur Sicherung eines kontinuierlichen Arbeitsablaufs.					X		
- Anmahnung von Belegresten.					X		
- Abstimmung mit dem Leiter der Arbeitsvorbereitung bei der Festlegung von Programmvorrängen.					X		
- Terminplanung für Testzwecke und Sonderaufgaben.					X		
- Ausarbeitung von Statistiken über Maschinenbelegung und -ausfall sowie über Kosten- und Leistungsentwicklung.					X		
- Planung und Vorbereitung von Installationen neuer Datenerfassungsgeräte.					X		
- Eigene Weiterbildung.					X		

(Spaltenüberschrift: Funktionen)

Funktionen: HK = Hilfskraft
JF = Junior-Fachkraft
F = Fachkraft
SF = Senior-Fachkraft
UF = Untere Führungskraft
MF = Mittlere Führungskraft
OF = Obere Führungskraft

FUTH	STELLENBESCHREIBUNG	erstellt am: erstellt durch:

Bereich: Servicebereich Abteilung: EDV-Abteilung	Gruppe: Rechenzentrum Stellenbezeichnung: Datatypistin (Junior-Fachkraft, Fachkraft)

Unterstellung: Sie ist dem (der) Leiter (in) der Datenerfassung direkt unterstellt.

Überstellung: ------

Stellvertretung: ------

Informationsrecht:

Sie wird in neue Erfassungsarbeiten eingewiesen.

Informationspflicht:

Ziel der Stelle:

Erfassung und Prüfung der Daten entsprechend den Arbeitsanweisungen.

Besondere Befugnisse des Stelleninhabers:

Aufgaben der Stelle:	HK	JF	F	SF	UF	MF	OF
- Einstellung des betreffenden Programms am Datenerfassungsgerät (Prüfgerät).		X	X				
- Erfassung der Daten entsprechend Zeitvorgabe und Arbeitsanweisung.		X	X				
- Prüfung der erfaßten Daten (bei Einsatz als Prüferin) entsprechend Zeitvorgabe und Arbeitsanweisung.			X				
- Meldung fehlerhafter oder unvollständiger Datenerfassungsbelege.		X	X				
- Meldung fehlender Arbeit und von Betriebsstörungen.		X	X				
- Vorschläge zur Verbesserung des Arbeitsablaufs.			X				
- Schonende Behandlung der Datenerfassungs- und Prüfgeräte.		X	X				

(Spaltenüberschrift: Funktionen)

Funktionen:
HK = Hilfskraft
JF = Junior-Fachkraft
F = Fachkraft
SF = Senior-Fachkraft
UF = Untere Führungskraft
MF = Mittlere Führungskraft
OF = Obere Führungskraft

FUTH	STELLENBESCHREIBUNG	erstellt am: erstellt durch:

Bereich: Servicebereich Abteilung: EDV-Abteilung	Gruppe: Rechenzentrum Stellenbezeichnung: Leiter Maschinenraum (Untere Führungskraft)

Unterstellung: Er ist dem Leiter des Rechenzentrums direkt unterstellt.

Überstellung: Ihm unterstehen alle Mitarbeiter des Maschinenraums.

Stellvertretung: Er wird im Einzelfall durch einen zu benennenden Mitarbeiter vertreten.

Informationsrecht:

Er nimmt an allen Besprechungen des Rechenzentrums teil und wird über alle Änderungen der Hardware und Software informiert.

Informationspflicht:

Er informiert den Leiter des Rechenzentrums bei Planabweichungen und Betriebsstörungen im Maschinenraum.

Ziel der Stelle:

Durchführung aller Aufgaben der RZ-Abwicklung im Maschinenraum.

Besondere Befugnisse des Stelleninhabers:

Anordnung von Prioritäten und Umdispositionen (in Abstimmung mit dem Leiter der Arbeitsvorbereitung). Anordnung von Überstunden in begründeten Ausnahmefällen. Mitwirkung bei Mitarbeiterbeurteilungen.

Aufgaben der Stelle:	Funktionen						
	HK	JF	F	SF	UF	MF	OF
- Verantwortlich für die ordnungsgemäße Durchführung aller Arbeiten im Maschinenraum.					X		
- Ständige Kontrolle des Leistungsstandes der unterstellten Mitarbeiter: Leistungen, Fehlerquoten, Fehlzeiten.					X		
- Ständige Überprüfung der Arbeitsanweisungen.					X		
- Fachliche Beratung und Unterstützung der Mitarbeiter.					X		
- Verantwortlich für die Sicherheit im Maschinenraum und Überwachung der Closed-Shop-Maßnahmen.					X		
- Mitwirkung bei Datensicherungsmaßnahmen.					X		
- Führung von Statistiken über Maschinenbelegung und Maschinenausfall.					X		
- Vorschläge zur Verbesserung des Arbeitsablaufs im Maschinenraum.					X		
- Mitwirkung bei der Planung und Vorbereitung neuer Maschineninstallationen.					X		
- Zusammenarbeit mit der Arbeitsvorbereitung, der Systemprogrammierung und den Sicherheitskräften.					X		
- Eigene Weiterbildung.					X		

Funktionen:
HK = Hilfskraft
JF = Junior-Fachkraft
F = Fachkraft
SF = Senior-Fachkraft
UF = Untere Führungskraft
MF = Mittlere Führungskraft
OF = Obere Führungskraft

FUTH	STELLENBESCHREIBUNG	erstellt am: erstellt durch:

Bereich: Servicebereich Abteilung: EDV-Abteilung	Gruppe: Rechenzentrum Stellenbezeichnung: Operator (Junior-Fachkraft, Fachkraft, Senior-Fachkraft)

Unterstellung: Er ist dem Leiter des Maschinenraums direkt unterstellt.

Überstellung: Bei Einsatz als Schichtleiter (Untere Führungskraft) unterstehen ihm alle Operateure seiner Schicht fachlich.

Stellvertretung: ------

Informationsrecht:

Er wird über neue Arbeiten und Ablaufänderungen im Maschinenraum informiert.

Informationspflicht:

Er informiert den Leiter des Maschinenraums bei Ausfällen und Störungen.

Ziel der Stelle:

Durchführung aller vorgegebenen Maschinenarbeiten entsprechend Arbeitsaufträgen und Job/Stepbeschreibungen.

Besondere Befugnisse des Stelleninhabers:

Aufgaben der Stelle:	HK	JF	F	SF	UF	MF	OF
- Übernahme der Arbeitsunterlagen und -mittel von der Arbeitsvorbereitung.			X	X			
- Initialisierung des Systems entsprechend Job/Stepbeschreibung.			X	X			
- Einrichtung der EDV-Anlage nach Job/Stepbeschreibung: Steuerkarten, Lesegerät, Magnetband- und Magnetplatteneinheiten, Drucker.		X	X	X			
- Führung des Logbuches (als Schichtleiter).				X			
- Verantwortlich für die ordnungsgemäße Handhabung der Konsolprotokolle (als Schichtleiter).				X			
- Überwachung der Kontrolleinrichtungen für Energieversorgung und Klimatisierung.				X			
- Mitwirkung bei Datensicherungsmaßnahmen.		X	X	X			
- Mitwirkung bei Katastrophenfällen.		X	X	X			
- Eigene Weiterbildung.		X	X	X			

Funktionen:
HK = Hilfskraft
JF = Junior-Fachkraft
F = Fachkraft
SF = Senior-Fachkraft
UF = Untere Führungskraft
MF = Mittlere Führungskraft
OF = Obere Führungskraft

FUTH	STELLENBESCHREIBUNG	erstellt am: erstellt durch:

Bereich: Servicebereich	Gruppe: Rechenzentrum
Abteilung: EDV-Abteilung	Stellenbezeichnung: Leiter Kontrolle/Abstimmung (Untere Führungskraft)

Unterstellung: Er ist dem Leiter des Rechenzentrums direkt unterstellt.

Überstellung: Ihm unterstehen alle Mitarbeiter der Kontrolle/Abstimmung.

Stellvertretung: Er wird im Einzelfall durch einen zu benennenden Mitarbeiter vertreten.

Informationsrecht:

Er nimmt an allen Besprechungen des Rechenzentrums teil und wird über neue Anwendungen und Änderungen informiert.

Informationspflicht:

Er informiert den Leiter des Rechenzentrums bei Planabweichungen und Störungen der Belegan- und -ablieferung.

Ziel der Stelle:

Durchführung aller Ein- und Ausgabekontrollen hinsichtlich Terminen und sachlicher Richtigkeit entsprechend Arbeitsanweisungen.

Besondere Befugnisse des Stelleninhabers:

Anordnung von Umdispositionen (in Abstimmung mit dem Leiter der Arbeitsvorbereitung). Anordnung von Überstunden in begründeten Ausnahmefällen. Mitwirkung bei Mitarbeiterbeurteilungen.

Aufgaben der Stelle:	HK	JF	F	SF	UF	MF	OF
- Verantwortlich für die ordnungsgemäße Durchführung aller Arbeiten in der Kontrolle/Abstimmung.					X		
- Ständige Kontrolle des Leistungsstandes der unterstellten Mitarbeiter: Leistungen, Fehlerquoten, Fehlzeiten.					X		
- Ständige Überprüfung der Arbeitsanweisungen.					X		
- Fachliche Beratung und Unterstützung der Mitarbeiter.					X		
- Mitwirkung bei Datensicherungsmaßnahmen und EDV-Revisionen.					X		
- Beobachtung der Belegan- und -ablieferung und Meldung bei häufigen Abweichungen und Störungen.					X		
- Organisatorische Vorbereitung und Einführung neuer Arbeiten.					X		
- Vorschläge zur Verbesserung des Arbeitsablaufs in der Kontrolle/Abstimmung.					X		
- Eigene Weiterbildung.					X		

Funktionen: HK = Hilfskraft; JF = Junior-Fachkraft; F = Fachkraft; SF = Senior-Fachkraft; UF = Untere Führungskraft; MF = Mittlere Führungskraft; OF = Obere Führungskraft

FUTH	STELLENBESCHREIBUNG	erstellt am: erstellt durch:

Bereich: Servicebereich	Gruppe: Rechenzentrum
Abteilung: EDV-Abteilung	Stellenbezeichnung: Sachbearbeiter Kontrolle/Abstimmung (Junior-Fachkraft, Fachkraft, Senior-Fachkraft)

Unterstellung: Er ist dem Leiter der Kontrolle/Abstimmung direkt unterstellt.

Überstellung: ------

Stellvertretung: ------

Informationsrecht:

Er wird über neue Arbeiten informiert.

Informationspflicht:

Ziel der Stelle:

Durchführung aller vorgegebenen Ein- und Ausgabekontrollen entsprechend Arbeitsanweisungen.

Besondere Befugnisse des Stelleninhabers:

Aufgaben der Stelle:	Funktionen HK	JF	F	SF	UF	MF	OF
- Kontrolle auf rechtzeitige Anlieferung der Datenträger und Erfassungsbelege einschließlich der Kontrollunterlagen von den Fachabteilungen.		X	X	X			
- Rückweisung von fehlerhaftem Eingabematerial.		X	X	X			
- Überwachung des Durchlaufs der Datenträger im Rechenzentrum, Kontrolle der Zwischenergebnisse und Veranlassung von Korrekturen der von der EDV-Anlage abgewiesenen Datenträger.			X	X			
- Kontrolle der rechtzeitigen Anlieferung der Ergebnisse vom Maschinenraum.		X	X	X			
- Abstimmung der Ergebnisse und Veranlassung der termingerechten Ablieferung der Listen und Formulare an die Fachabteilungen.			X	X			
- Unterrichtung der Datenerfassung und Arbeitsvorbereitung über verspätete Anlieferungen.		X	X	X			
- Führung von Fehlerprotokollen und Protokollen über verspätete An- und Ablieferungen.			X	X			
- Führung von Abstimmprotokollen.			X	X			
- Kontaktpflege zu den Fachabteilungen, den anderen Stellen des Rechenzentrums und der Revisionsabteilung.			X	X			
- Eigene Weiterbildung.		X	X	X			

Funktionen: HK = Hilfskraft
JF = Junior-Fachkraft
F = Fachkraft
SF = Senior-Fachkraft
UF = Untere Führungskraft
MF = Mittlere Führungskraft
OF = Obere Führungskraft

FUTH	STELLENBESCHREIBUNG	erstellt am: erstellt durch:

Bereich: Servicebereich	Gruppe: Rechenzentrum
Abteilung: EDV-Abteilung	Stellenbezeichnung: Hilfskraft Schneidemaschine (Hilfskraft)

Unterstellung: Er ist dem Leiter der Kontrolle/Abstimmung direkt unterstellt.

Überstellung: ------

Stellvertretung: ------

Informationsrecht:

Er wird über neue Arbeiten informiert.

Informationspflicht:

Ziel der Stelle:

Schneiden und Trennen der Listen und Formulare entsprechend Arbeitsanweisungen.

Besondere Befugnisse des Stelleninhabers:

Aufgaben der Stelle:	HK	JF	F	SF	UF	MF	OF
- Bedienung des Separators entsprechend Arbeitsanweisungen.	X						
- Bedienung der Schneidemaschine entsprechend Arbeitsanweisungen.	X						
- Versand der getrennten und geschnittenen Formulare und Listen entsprechend Arbeitsanweisungen an die Fachabteilungen.	X						
- Pflege der Trenn- und Schneidemaschinen.	X						

(Spaltenüberschrift: Funktionen)

Funktionen: HK = Hilfskraft
JF = Junior-Fachkraft
F = Fachkraft
SF = Senior-Fachkraft
UF = Untere Führungskraft
MF = Mittlere Führungskraft
OF = Obere Führungskraft

FUTH	ANFORDERUNGSPROFIL	erstellt am: erstellt durch:

Bereich: Servicebereich	Gruppe: -----
Abteilung: EDV-Abteilung	Stelle: EDV-Assistent

Anforderungsmerkmale	Anforderungsbewertung						
	HK	JF	F	SF	UF	MF	OF
Schul- und Ausbildung							
Schule: Abitur			4				
Hochschule: Dipl.-Kfm. oder Betriebswirt (grad.)			2				
Fachausbildung: Betriebswirtschaft, Organisation			2				
EDV-Grundausbildung: solide Grundkenntnisse			4				
EDV-Spezialausbildung:			0				
Zwischensumme			12				
Berufserfahrung							
Facherfahrung: mind. 2 Jahre Betriebswirtschaft			2				
EDV-Grunderfahrung: mind. 2 - 3 Jahre			4				
EDV-Spezialerfahrung:			0				
Zwischensumme			6				
Persönliche Anforderungen							
Ideenreichtum			2				
Selbständigkeit			2				
Kontaktfähigkeit			2				
gute Allgemeinbildung			2				
Kostenbewußtsein			2				
Zwischensumme			10				
Gesamtsumme			28				

Bewertung:
0 = keine Bedeutung
1 = geringe Bedeutung
2 = mittlere Bedeutung
4 = große Bedeutung

Funktionen:
HK = Hilfskraft
JF = Jun.-Fachkraft
F = Fachkraft
SF = Sen.-Fachkraft
UF = Untere Führungskr.
MF = Mittlere Führungskr.
OF = Obere Führungskr.

FUTH	ANFORDERUNGSPROFIL	erstellt am: erstellt durch:

Bereich: Servicebereich — Gruppe: EDV-Organisation

Abteilung: EDV-Abteilung — Stelle: Leiter EDV-Organisation

Anforderungsmerkmale	HK	JF	F	SF	UF	MF	OF
	Anforderungsbewertung						
Schul- und Ausbildung							
Schule: Abitur						2	
Hochschule: wirtschaftswissenschaftliches Studium						2	
Fachausbildung: Betriebswirtschaft, Organisation						4	
EDV-Grundausbildung: EDV-Org., Programmierung						4	
EDV-Spezialausbildung: Datenbanken						2	
Zwischensumme						12	
Berufserfahrung							
Facherfahrung: Betriebswirtschaft, Organisation						4	
EDV-Grunderfahrung: EDV-Org., Programmierung						4	
EDV-Spezialerfahrung: Großsysteme						4	
Zwischensumme						12	
Persönliche Anforderungen							
Kreativität						4	
schnelle Auffassungsgabe						4	
Kontaktfreudigkeit						4	
Mitarbeiterführung						4	
Eignung zur Teamarbeit						4	
Zwischensumme						20	
Gesamtsumme						44	

Bewertung:
0 = keine Bedeutung
1 = geringe Bedeutung
2 = mittlere Bedeutung
4 = große Bedeutung

Funktionen:
HK = Hilfskraft
JF = Jun.-Fachkraft
F = Fachkraft
SF = Sen.-Fachkraft
UF = Untere Führungskr.
MF = Mittlere Führungskr.
OF = Obere Führungskr.

FUTH	ANFORDERUNGSPROFIL	erstellt am: / erstellt durch:

Bereich: Servicebereich	Gruppe: EDV-Organisation
Abteilung: EDV-Abteilung	Stelle: Systemplaner

Anforderungsmerkmale	Anforderungsbewertung						
	HK	JF	F	SF	UF	MF	OF
Schul- und Ausbildung							
Schule: Abitur oder Mittlere Reife		2	2	2			
Hochschule: Dipl.-Kfm. oder Betriebswirt (grad.)		2	2	2			
Fachausbildung: Betriebswirtschaft, Organisation		2	4	4			
EDV-Grundausbildung: EDV-Org., Programmierung		4	4	4			
EDV-Spezialausbildung: Datenbanken		2	2	2			
Zwischensumme		12	14	14			
Berufserfahrung							
Facherfahrung: Kostenrechnung		2	2	4			
EDV-Grunderfahrung: EDV-Org., Programmierung		2	2	2			
EDV-Spezialerfahrung: Großsysteme, Datenbanken		2	2	4			
Zwischensumme		6	6	10			
Persönliche Anforderungen							
Kreativität		2	4	4			
schnelle Auffassungsgabe		2	2	4			
Ausdauer		2	2	2			
Kontaktfreudigkeit		2	2	2			
Überzeugungskraft		2	2	2			
Zwischensumme		10	12	14			
Gesamtsumme		28	32	38			

Bewertung:
0 = keine Bedeutung
1 = geringe Bedeutung
2 = mittlere Bedeutung
4 = große Bedeutung

Funktionen:
HK = Hilfskraft
JF = Jun.-Fachkraft
F = Fachkraft
SF = Sen.-Fachkraft
UF = Untere Führungskr.
MF = Mittlere Führungskr.
OF = Obere Führungskraft

FUTH	ANFORDERUNGSPROFIL	erstellt am:
		erstellt durch:

Bereich: Servicebereich	Gruppe: EDV-Organisation
Abteilung: EDV-Abteilung	Stelle: Systemanalytiker

Anforderungsmerkmale	HK	JF	F	SF	UF	MF	OF
	Anforderungsbewertung						
Schul- und Ausbildung							
Schule: mittlere Reife		2	2	2			
Hochschule:		0	0	0			
Fachausbildung: Betriebswirtschaft		2	2	4			
EDV-Grundausbildung: EDV-Org., Programmierung		2	2	4			
EDV-Spezialausbildung: Cobol, Entscheidungstabellen		1	2	2			
Zwischensumme		7	8	12			
Berufserfahrung							
Facherfahrung: Betriebswirtschaft		2	2	2			
EDV-Grunderfahrung: EDV-Org., Programmierung		2	2	4			
EDV-Spezialerfahrung: Cobol		4	4	4			
Zwischensumme		8	8	10			
Persönliche Anforderungen							
Gewissenhaftigkeit		2	2	2			
Ausdauer		2	4	4			
Eignung zur Teamarbeit		2	2	2			
Logische Denkweise		2	4	4			
schnelle Auffassungsgabe		2	2	2			
Zwischensumme		10	14	14			
Gesamtsumme		25	30	36			

Bewertung:
0 = keine Bedeutung
1 = geringe Bedeutung
2 = mittlere Bedeutung
4 = große Bedeutung

Funktionen:
HK = Hilfskraft
JF = Jun.-Fachkraft
F = Fachkraft
SF = Sen.-Fachkraft
UF = Untere Führungskr.
MF = Mittlere Führungskr.
OF = Obere Führungskraft

FUTH	ANFORDERUNGSPROFIL	erstellt am: erstellt durch:

Bereich:	Servicebereich	Gruppe:	Programmierung
Abteilung:	EDV-Abteilung	Stelle:	Leiter Programmierung

Anforderungsmerkmale	Anforderungsbewertung						
	HK	JF	F	SF	UF	MF	OF
Schul- und Ausbildung							
Schule: Abitur oder mittlere Reife						2	
Hochschule:						2	
Fachausbildung: Betriebswirtschaft						2	
EDV-Grundausbildung: Programmierung, EDV-Org.						4	
EDV-Spezialausbildung: Strukturierte Programmierung						4	
Zwischensumme						14	
Berufserfahrung							
Facherfahrung: Betriebswirtschaft						2	
EDV-Grunderfahrung: mind. 5 Jahre Programmierung						4	
EDV-Spezialerfahrung: Cobol, Betriebssysteme						4	
Zwischensumme						10	
Persönliche Anforderungen							
Kreativität						4	
Mitarbeiterführung						2	
Durchsetzungsvermögen						4	
Eignung zur Teamarbeit						4	
Kontaktfreudigkeit						2	
Zwischensumme						16	
Gesamtsumme						40	

Bewertung:
0 = keine Bedeutung
1 = geringe Bedeutung
2 = mittlere Bedeutung
4 = große Bedeutung

Funktionen:
HK = Hilfskraft
JF = Jun.-Fachkraft
F = Fachkraft
SF = Sen.-Fachkraft
UF = Untere Führungskr.
MF = Mittlere Führungskr.
OF = Obere Führungskraft

FUTH	ANFORDERUNGSPROFIL	erstellt am: erstellt durch:

Bereich:	Servicebereich	Gruppe:	Programmierung
Abteilung:	EDV-Abteilung	Stelle:	Anwendungsporgrammierer

Anforderungsmerkmale	Anforderungsbewertung						
	HK	JF	F	SF	UF	MF	OF
Schul- und Ausbildung							
Schule: mögl. mittlere Reife		1	1	2			
Hochschule:		0	0	0			
Fachausbildung: kfm. Lehre oder entspr.		1	1	2			
EDV-Grundausbildung: Assembler		2	2	4			
EDV-Spezialausbildung: Cobol, normierte Programmierung		2	2	4			
Zwischensumme		6	6	12			
Berufserfahrung							
Facherfahrung: 2 - 3 Jahre Betriebswirtschaft		0	1	2			
EDV-Grunderfahrung: Assembler, 2 - 3 Jahre		2	4	4			
EDV-Spezialerfahrung: Cobol, mind. 1 Jahr		2	4	4			
Zwischensumme		4	9	10			
Persönliche Anforderungen							
Logische und abstrakte Denkweise		2	2	2			
Einsatzfreude		2	2	2			
Belastbarkeit		2	2	4			
Eignung zur Teamarbeit		2	2	2			
Gewissenhaftigkeit		2	4	2			
Zwischensumme		10	12	12			
Gesamtsumme		20	27	34			

Bewertung:
0 = keine Bedeutung
1 = geringe Bedeutung
2 = mittlere Bedeutung
4 = große Bedeutung

Funktionen:
HK = Hilfskraft
JF = Jun.-Fachkraft
F = Fachkraft
SF = Sen.-Fachkraft
UF = Untere Führungskr.
MF = Mittlere Führungskr.
OF = Obere Führungskraft

FUTH	ANFORDERUNGSPROFIL	erstellt am:
		erstellt durch:

Bereich: Servicebereich	Gruppe: Programmierung
Abteilung: EDV-Abteilung	Stelle: Systemprogrammierer

Anforderungsmerkmale	Anforderungsbewertung						
	HK	JF	F	SF	UF	MF	OF
Schul- und Ausbildung							
Schule: mittlere Reife		2	2	2			
Hochschule: mathematisches Studium		0	0	2			
Fachausbildung:		0	0	0			
EDV-Grundausbildung: Hardware und Software		4	4	4			
EDV-Spezialausbildung: Betriebssysteme		2	4	4			
Zwischensumme		8	10	12			
Berufserfahrung							
Facherfahrung:		0	0	0			
EDV-Grunderfahrung: Programmierung		4	4	4			
EDV-Spezialerfahrung: Systemsoftware		2	4	4			
Zwischensumme		6	8	8			
Persönliche Anforderungen							
Technische und logische Begabung		2	2	4			
Gewissenhaftigkeit		2	2	4			
Belastbarkeit		2	2	2			
Selbständigkeit		2	4	4			
Kontaktfähigkeit		2	2	2			
Zwischensumme		10	12	16			
Gesamtsumme		24	30	36			

Bewertung:	Funktionen:	
0 = keine Bedeutung	HK = Hilfskraft	UF = Untere Führungskraft
1 = geringe Bedeutung	JF = Jun.-Fachkraft	MF = Mittlere Führungskr.
2 = mittlere Bedeutung	F = Fachkraft	OF = Obere Führungskraft
4 = große Bedeutung	SF = Sen.-Fachkraft	

FUTH	ANFORDERUNGSPROFIL	erstellt am: erstellt durch:

Bereich:	Servicebereich	Gruppe:	Rechenzentrum
Abteilung:	EDV-Abteilung	Stelle:	Leiter Rechenzentrum

Anforderungsmerkmale	Anforderungsbewertung						
	HK	JF	F	SF	UF	MF	OF
Schul- und Ausbildung							
Schule: mittlere Reife						2	
Hochschule:						0	
Fachausbildung: Betriebswirtschaft						2	
EDV-Grundausbildung: EDV-Org., Programmierung						4	
EDV-Spezialausbildung: Rechenzentrumsorganisation						4	
Zwischensumme						12	
Berufserfahrung							
Facherfahrung: Betriebswirtschaft						2	
EDV-Grunderfahrung: EDV-Org., Programmierung						4	
EDV-Spezialerfahrung: Großsysteme						4	
Zwischensumme						10	
Persönliche Anforderungen							
Mitarbeiterführung						4	
Durchsetzungsvermögen						4	
Organisationstalent						2	
Kostenbewußtsein						4	
Kontaktfähigkeit						2	
Zwischensumme						16	
Gesamtsumme						38	

Bewertung:
0 = keine Bedeutung
1 = geringe Bedeutung
2 = mittlere Bedeutung
4 = große Bedeutung

Funktionen:
HK = Hilfskraft
JF = Jun.-Fachkraft
F = Fachkraft
SF = Sen.-Fachkraft
UF = Untere Führungskr.
MF = Mittlere Führungskr.
OF = Obere Führungskr.

FUTH	ANFORDERUNGSPROFIL	erstellt am: erstellt durch:

Bereich: Servicebereich	Gruppe: Rechenzentrum
Abteilung: EDV-Abteilung	Stelle: Leiter Arbeitsvorbereitung

Anforderungsmerkmale	Anforderungsbewertung HK	JF	F	SF	UF	MF	OF
Schul- und Ausbildung							
Schule: mittlere Reife						2	
Hochschule:						0	
Fachausbildung: Betriebswirtschaft						2	
EDV-Grundausbildung: EDV-Org., Programmierung						4	
EDV-Spezialausbildung: Arbeitsvorbereitung						4	
Zwischensumme						12	
Berufserfahrung							
Facherfahrung: Betriebswirtschaft						2	
EDV-Grunderfahrung: EDV-Org., Programmierung						4	
EDV-Spezialerfahrung: Arbeitsvorbereitung						4	
Zwischensumme						10	
Persönliche Anforderungen							
Talent zur Planung und Organisation						4	
Gewissenhaftigkeit						4	
Einsatzfreude						2	
Eignung zur Teamarbeit						2	
Fähigkeit zur Improvisation						2	
Zwischensumme						14	
Gesamtsumme						36	

Bewertung:	Funktionen:
0 = keine Bedeutung 1 = geringe Bedeutung 2 = mittlere Bedeutung 4 = große Bedeutung	HK = Hilfskraft JF = Jun.-Fachkraft F = Fachkraft SF = Sen.-Fachkraft UF = Untere Führungskr. MF = Mittlere Führungskr. OF = Obere Führungskraft

FUTH	ANFORDERUNGSPROFIL	erstellt am: erstellt durch:

Bereich: Servicebereich	Gruppe: Rechenzentrum
Abteilung: EDV-Abteilung	Stelle: Arbeitsvorbereiter

Anforderungsmerkmale	Anforderungsbewertung						
	HK	JF	F	SF	UF	MF	OF
Schul- und Ausbildung							
Schule:		1	1	2			
Hochschule:		0	0	0			
Fachausbildung: Grundkenntnisse Betriebswirtschaft		1	1	2			
EDV-Grundausbildung: Rechenzentrumsbetrieb		2	2	4			
EDV-Spezialausbildung: Arbeitsplanung und -vorbereitung		4	4	4			
Zwischensumme		8	8	12			
Berufserfahrung							
Facherfahrung: Betriebswirtschaft		1	1	2			
EDV-Grunderfahrung: Rechenzentrumsbetrieb		2	2	4			
EDV-Spezialerfahrung: Arbeitsplanung und -vorbereitung		4	4	4			
Zwischensumme		7	7	10			
Persönliche Anforderungen							
Talent zur Planung und Organisation		2	4	4			
Gewissenhaftigkeit		2	2	2			
Einsatzfreude		1	2	2			
Belastbarkeit		1	2	2			
Eignung zur Teamarbeit		2	2	2			
Zwischensumme		8	12	12			
Gesamtsumme		23	27	34			

Bewertung:
0 = keine Bedeutung
1 = geringe Bedeutung
2 = mittlere Bedeutung
4 = große Bedeutung

Funktionen:
HK = Hilfskraft
JF = Jun.-Fachkraft
F = Fachkraft
SF = Sen.-Fachkraft
UF = Untere Führungskr.
MF = Mittlere Führungskr.
OF = Obere Führungskr.

FUTH	ANFORDERUNGSPROFIL	erstellt am:
		erstellt durch:

Bereich: Servicebereich	Gruppe: Rechenzentrum
Abteilung: EDV-Abteilung	Stelle: Archivar

Anforderungsmerkmale	Anforderungsbewertung						
	HK	JF	F	SF	UF	MF	OF
Schul- und Ausbildung							
Schule:		1	1	1			
Hochschule:		0	0	0			
Fachausbildung: Grundkenntnisse Betriebswirtschaft		1	1	1			
EDV-Grundausbildung: EDV-Grundkenntnisse		2	2	2			
EDV-Spezialausbildung: Archivierung		4	4	4			
Zwischensumme		8	8	8			
Berufserfahrung							
Facherfahrung:		1	1	2			
EDV-Grunderfahrung: Rechenzentrumsbetrieb		2	2	2			
EDV-Spezialerfahrung: Archivierung, Materialdisposition		2	2	2			
Zwischensumme		5	5	6			
Persönliche Anforderungen							
Gewissenhaftigkeit		2	2	2			
Einsatzfreude		1	1	2			
Organisation		0	1	1			
Zusammenarbeit		1	1	2			
Eignung für Planungsarbeiten		0	0	1			
Zwischensumme		4	5	8			
Gesamtsumme		17	18	22			

Bewertung:	Funktionen:	
0 = keine Bedeutung	HK = Hilfskraft	UF = Untere Führungskr.
1 = geringe Bedeutung	JF = Jun.-Fachkraft	MF = Mittlere Führungskr.
2 = mittlere Bedeutung	F = Fachkraft	OF = Obere Führungskr.
4 = große Bedeutung	SF = Sen.-Fachkraft	

FUTH	ANFORDERUNGSPROFIL	erstellt am: erstellt durch:

Bereich: Servicebereich	Gruppe: Rechenzentrum
Abteilung: EDV-Abteilung	Stelle: Leiter (in) Datenerfassung

Anforderungsmerkmale	Anforderungsbewertung HK	JF	F	SF	UF	MF	OF
Schul- und Ausbildung							
Schule:					1		
Hochschule:					0		
Fachausbildung: kfm. Grundwissen					1		
EDV-Grundausbildung: EDV-Grundkenntnisse					2		
EDV-Spezialausbildung: Datenerfassung und -prüfung					4		
Zwischensumme					8		
Berufserfahrung							
Facherfahrung:					1		
EDV-Grunderfahrung: Rechenzentrumsbetrieb					2		
EDV-Spezialerfahrung: Tätigkeit als Datatypistin von Vorteil					4		
Zwischensumme					7		
Persönliche Anforderungen							
Gewissenhaftigkeit					2		
Fähigkeit zur Anleitung von Mitarbeiterinnen					4		
Eignung zur Organisation und Disposition					2		
Durchsetzungsvermögen					2		
Kontaktfreudigkeit					2		
Zwischensumme					12		
Gesamtsumme					27		

Bewertung:	Funktionen:
0 = keine Bedeutung 1 = geringe Bedeutung 2 = mittlere Bedeutung 4 = große Bedeutung	HK = Hilfskraft JF = Jun.-Fachkraft F = Fachkraft SF = Sen.-Fachkraft UF = Untere Führungskr. MF = Mittlere Führungskr. OF = Obere Führungskr.

FUTH	ANFORDERUNGSPROFIL	erstellt am: erstellt durch:

Bereich:	Servicebereich	Gruppe:	Rechenzentrum
Abteilung:	EDV-Abteilung	Stelle:	Datatypistin

Anforderungsmerkmale	Anforderungsbewertung						
	HK	JF	F	SF	UF	MF	OF
Schul- und Ausbildung							
Schule:		0	0				
Hochschule:		0	0				
Fachausbildung:		0	0				
EDV-Grundausbildung:		0	0				
EDV-Spezialausbildung: Datenerfassung und -prüfung		0	2				
Zwischensumme		0	2				
Berufserfahrung							
Facherfahrung:		0	0				
EDV-Grunderfahrung:		0	0				
EDV-Spezialerfahrung: Datenerfassung und -prüfung		4	4				
Zwischensumme		4	4				
Persönliche Anforderungen							
Belastbarkeit		2	2				
Ausdauer		2	2				
Konzentrationsfähigkeit		2	2				
Gewissenhaftigkeit		2	2				
schnelles Arbeiten		2	2				
Zwischensumme		10	10				
Gesamtsumme		14	16				

Bewertung:
0 = keine Bedeutung
1 = geringe Bedeutung
2 = mittlere Bedeutung
4 = große Bedeutung

Funktionen:
HK = Hilfskraft
JF = Jun.-Fachkraft
F = Fachkraft
SF = Sen.-Fachkraft
UF = Untere Führungskr.
MF = Mittlere Führungskr.
OF = Obere Führungskr.

FUTH	ANFORDERUNGSPROFIL	erstellt am:
		erstellt durch:

Bereich:	Servicebereich	Gruppe:	Rechenzentrum
Abteilung:	EDV-Abteilung	Stelle:	Leiter Maschinenraum

Anforderungsmerkmale		Anforderungsbewertung						
		HK	JF	F	SF	UF	MF	OF
Schul- und Ausbildung								
Schule:						1		
Hochschule:						0		
Fachausbildung:						1		
EDV-Grundausbildung:	Rechenzentrumsbetrieb					2		
EDV-Spezialausbildung:	Großsysteme, Konsolsteuerung					4		
Zwischensumme						8		
Berufserfahrung								
Facherfahrung:						1		
EDV-Grunderfahrung:	Bedienung von EDV-Anlagen					2		
EDV-Spezialerfahrung:	Bedienung von Großsystemen					4		
Zwischensumme						7		
Persönliche Anforderungen								
Belastbarkeit						4		
Einsatzfreude						4		
Anleitung von Mitarbeitern						2		
Arbeitsübersicht						4		
Technisches Verständnis						4		
Zwischensumme						18		
Gesamtsumme						33		

Bewertung:	Funktionen:
0 = keine Bedeutung	HK = Hilfskraft
1 = geringe Bedeutung	JF = Jun.-Fachkraft
2 = mittlere Bedeutung	F = Fachkraft
4 = große Bedeutung	SF = Sen.-Fachkraft
	UF = Untere Führungskr.
	MF = Mittlere Führungskr
	OF = Obere Führungskr.

FUTH	ANFORDERUNGSPROFIL	erstellt am: erstellt durch:

Bereich:	Servicebereich	Gruppe:	Rechenzentrum
Abteilung:	EDV-Abteilung	Stelle:	Operator

Anforderungsmerkmale		HK	JF	F	SF	UF	MF	OF
		Anforderungsbewertung						
Schul- und Ausbildung								
Schule:			0	0	0			
Hochschule:			0	0	0			
Fachausbildung:			0	0	0			
EDV-Grundausbildung:	Rechenzentrumsbetrieb		1	2	4			
EDV-Spezialausbildung:	Bedienung von EDV-Anlagen		2	2	4			
Zwischensumme			3	4	8			
Berufserfahrung								
Facherfahrung:			0	0	0			
EDV-Grunderfahrung:	Bedienung von EDV-Anlagen		2	4	4			
EDV-Spezialerfahrung:	Bedienung von Großsystemen		2	4	4			
Zwischensumme			4	8	8			
Persönliche Anforderungen								
Belastbarkeit			2	2	2			
Konzentrationsfähigkeit			2	2	2			
Ausdauer			2	2	2			
Gewissenhaftigkeit			2	2	2			
Arbeitsübersicht			2	2	4			
Zwischensumme			10	10	12			
Gesamtsumme			17	22	28			

Bewertung:
0 = keine Bedeutung
1 = geringe Bedeutung
2 = mittlere Bedeutung
4 = große Bedeutung

Funktionen:
HK = Hilfskraft
JF = Jun.-Fachkraft
F = Fachkraft
SF = Sen.-Fachkraft
UF = Untere Führungskr.
MF = Mittlere Führungskr.
OF = Obere Führungskr.

FUTH	ANFORDERUNGSPROFIL	erstellt am:
		erstellt durch:

Bereich: Servicebereich	Gruppe: Rechenzentrum
Abteilung: EDV-Abteilung	Stelle: Leiter Kontrolle/Abstimmung

Anforderungsmerkmale	Anforderungsbewertung						
	HK	JF	F	SF	UF	MF	OF
Schul- und Ausbildung							
Schule:					1		
Hochschule:					0		
Fachausbildung: kaufmännisches Grundwissen					1		
EDV-Grundausbildung: EDV-Grundkenntnisse					2		
EDV-Spezialausbildung: Kontrolle/Abstimmung					4		
Zwischensumme					8		
Berufserfahrung							
Facherfahrung: Betriebswirtschaft					1		
EDV-Grunderfahrung: Rechenzentrumsbetrieb					2		
EDV-Spezialerfahrung: Kontrolle/Abstimmung					4		
Zwischensumme					7		
Persönliche Anforderungen							
Koordinationstalent					4		
Gewissenhaftigkeit					2		
Anleitung von Mitarbeitern					2		
Eignung zur Teamarbeit					2		
Kontaktfreudigkeit					4		
Zwischensumme					14		
Gesamtsumme					29		

Bewertung:	Funktionen:
0 = keine Bedeutung 1 = geringe Bedeutung 2 = mittlere Bedeutung 4 = große Bedeutung	HK = Hilfskraft JF = Jun.-Fachkraft F = Fachkraft SF = Sen.-Fachkraft UF = Untere Führungskr. MF = Mittlere Führungskr. OF = Obere Führungskr.

FUTH	ANFORDERUNGSPROFIL	erstellt am: erstellt durch:

Bereich: Servicebereich	Gruppe: Rechenzentrum
Abteilung: EDV-Abteilung	Stelle: Sachbearbeiter Kontrolle/Abstimmung

Anforderungsmerkmale	Anforderungsbewertung						
	HK	JF	F	SF	UF	MF	OF
Schul- und Ausbildung							
Schule:		0	1	1			
Hochschule:		0	0	0			
Fachausbildung: kaufmännisches Grundwissen		1	1	1			
EDV-Grundausbildung: EDV-Grundkenntnisse		0	1	1			
EDV-Spezialausbildung: Kontrolle/Abstimmung		2	2	2			
Zwischensumme		3	5	5			
Berufserfahrung							
Facherfahrung: Betriebswirtschaft		1	1	2			
EDV-Grunderfahrung: Rechenzentrumsbetrieb		1	1	2			
EDV-Spezialerfahrung: Kontrolle/Abstimmung		2	2	2			
Zwischensumme		4	4	6			
Persönliche Anforderungen							
Gewissenhaftigkeit		2	2	2			
Belastbarkeit		2	2	2			
Ausdauer		2	2	2			
Unbestechlichkeit		2	2	2			
Kontaktfreudigkeit		2	2	2			
Zwischensumme		10	10	10			
Gesamtsumme		17	19	21			

Bewertung:	Funktionen:
0 = keine Bedeutung 1 = geringe Bedeutung 2 = mittlere Bedeutung 4 = große Bedeutung	HK = Hilfskraft JF = Jun.-Fachkraft F = Fachkraft SF = Sen.-Fachkraft UF = Untere Führungskr. MF = Mittlere Führungskr. OF = Obere Führungskraft

FUTH	ANFORDERUNGSPROFIL	erstellt am: erstellt durch:

Bereich: Servicebereich	Gruppe: Rechenzentrum
Abteilung: EDV-Abteilung	Stelle: Hilfskraft Schneidemaschine

Anforderungsmerkmale	Anforderungsbewertung HK	JF	F	SF	UF	MF	OF
Schul- und Ausbildung							
Schule:	0						
Hochschule:	0						
Fachausbildung:	0						
EDV-Grundausbildung:	0						
EDV-Spezialausbildung:	0						
Zwischensumme	0						
Berufserfahrung							
Facherfahrung:	0						
EDV-Grunderfahrung:	0						
EDV-Spezialerfahrung: Trennen und Schneiden von Formularen und Listen	4						
Zwischensumme	4						
Persönliche Anforderungen							
Gewissenhaftigkeit	2						
Belastbarkeit	2						
Ausdauer	2						
technisches Verständnis	2						
Einsatzfreudigkeit	2						
Zwischensumme	10						
Gesamtsumme	14						

Bewertung:	Funktionen:
0 = keine Bedeutung 1 = geringe Bedeutung 2 = mittlere Bedeutung 4 = große Bedeutung	HK = Hilfskraft JF = Jun.-Fachkraft F = Fachkraft SF = Sen.-Fachkraft UF = Untere Führungskr. MF = Mittlere Führungskr OF = Obere Führungskr.

Sachregister

FUTH	UMSTELL

Projekt Nr.	Projekt Bezeichnung	Personal	Januar
RW1.02	Systementwicklung Verkaufsabrechnung	Meyer (PL), Franz	
RW4.04	Programmierung Kostenrechnung	Sonner (PL), Haarbaum	
RW5.03	Programmierung Debitorenbuchhaltung	Fritze (PL), Flemming	
MA1.01	Problemanalyse Materialabrechnung	Meyer (PL), Franz	
MA1.02	Systementwicklung Materialabrechnung	Meyer (PL), Franz	
RW4.05	Systemeinführung Kostenrechnung	Sonner (PL), Hennig	
RW1.03	Detailorganisation Verkaufsabrechnung	Meyer (PL), Schmidt	
RW1.04	Programmierung Verkaufsabrechnung	Meyer (PL), Hennig	

Formular VI/16

TE

erstellt am:	3. 11. 75
erstellt durch:	Krause

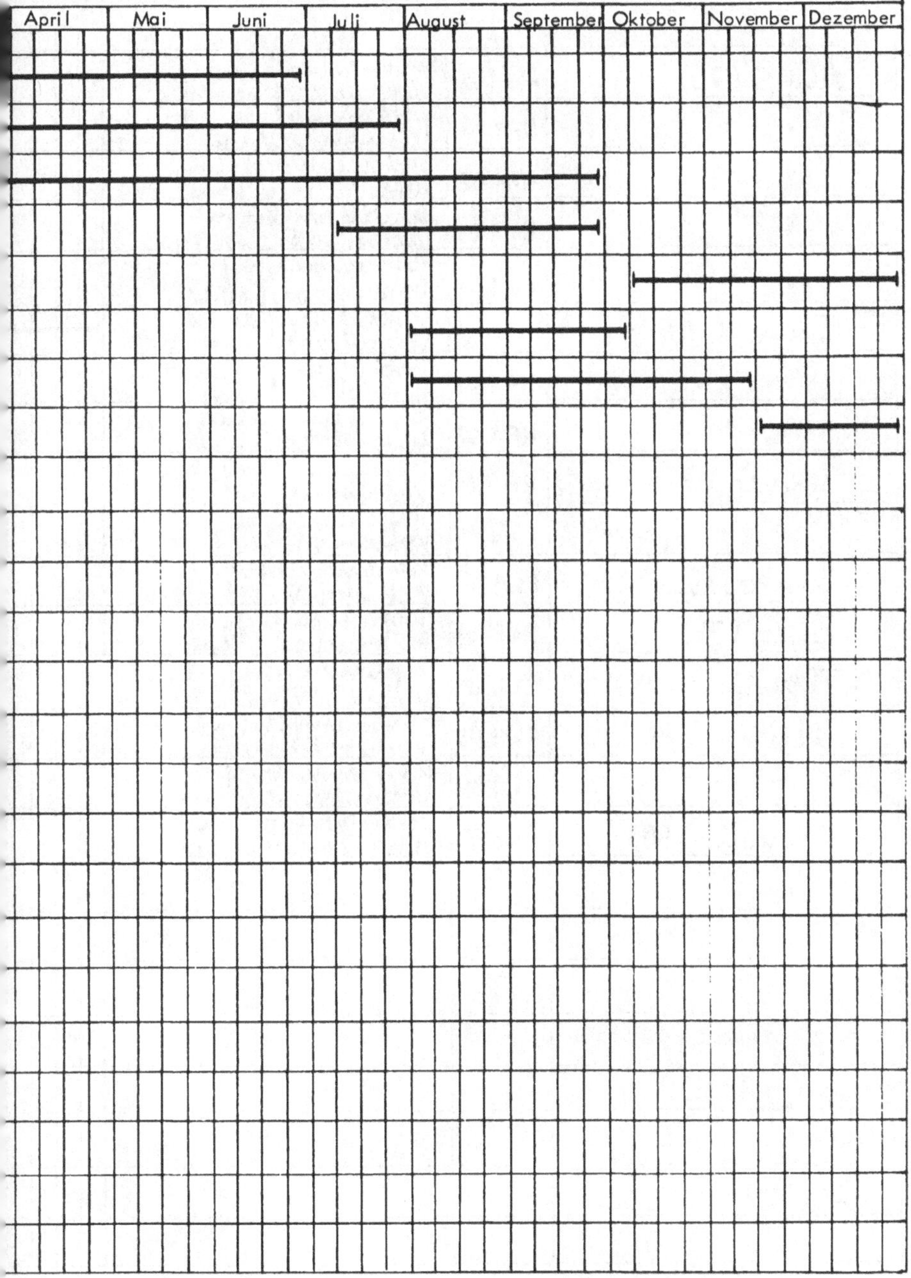

FUTH	EINSATZPL

Personal	Projekt Nr.	Projekt Bezeichnung	Januar
Meyer (PL)	RW 1.02	Systementwicklung Verkaufsabrechnung	
"	MA 1.01	Problemanalyse Materialabrechnung	
"	MA 1.02	Systementwicklung Materialabrechnung	
"	RW 1.03	Detailorganisation Verkaufsabrechnung	
"	RW 1.04	Programmierung Verkaufsabrechnung	
Franz (SA)	RW 1.02	Systementwicklung Verkaufsabrechnung	
"	MA 1.01	Problemanalyse Materialabrechnung	
"	MA 1.02	Systementwicklung Materialabrechnung	
Gruner (PL)	RW 4.04	Programmierung Kostenrechnung	
"	RW 4.05	Systemeinführung Kostenrechnung	
Haarbaum (PR)	RW 4.04	Programmierung Kostenrechnung	
Fritze (PL)	RW 5.03	Programmierung Debitorenbuchhaltung	
Flemming (PR)	RW 5.03	Programmierung Debitorenbuchhaltung	
Hennig (PR)	RW 4.05	Systemeinführung Kostenrechnung	
"	RW 1.04	Programmierung Verkaufsabrechnung	
Schmidt (SA)	RW 1.03	Detailorganisation Verkaufsabrechnung	

Formular VI/17

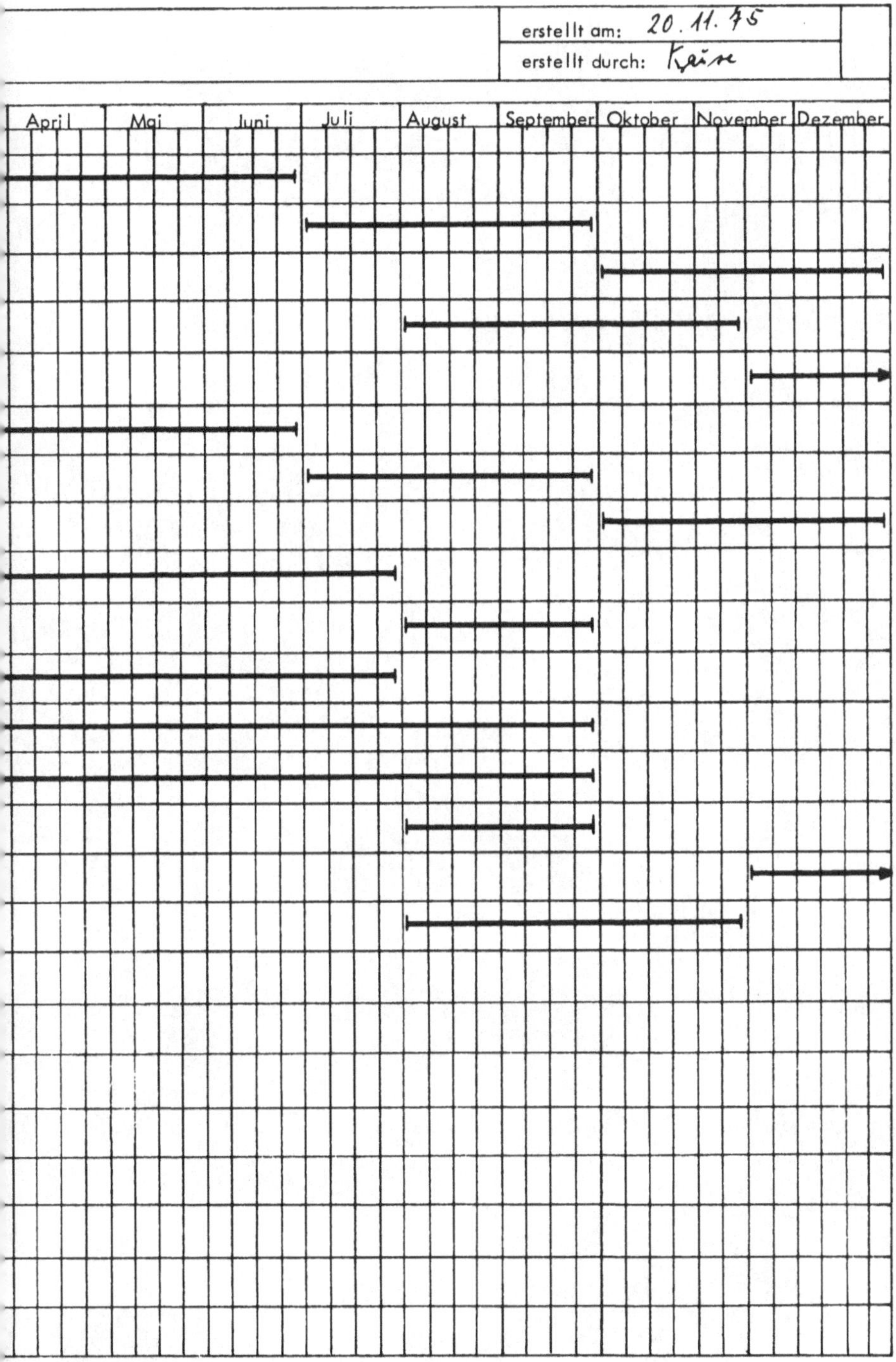
erstellt am: 20.11.75
erstellt durch:
April
Mai
Juni
Juli
August
September
Oktober
November
Dezember

FSC
www.fsc.org
MIX
Papier | Fördert
gute Waldnutzung
FSC® C083411

Zeitfracht Medien GmbH
Ferdinand-Jühlke-Straße 7
99095 Erfurt, Deutschland
produktsicherheit@kolibri360.de